Alois Epple (Hrsg.)

Ludwig Aurbacher

Ein Büchlein für die Jugend
Teil 2

4

Herstellung und Verlag: BoD- Books on Demand, Norderstedt

Inhalt

Pfronten

- Aufbruch in die Sommerfrische   10
- Ankunft auf dem Lande   12
- Kirchgang   15
- Mittagessen   16
- Vesper in der Pfarrkirche und Gang zum Friedhof   17
- Besuch des Pfarrers von Berg   21
- Abendspaziergang zur Kirche in Steinach   22
- Eine Wanderung durch Ösch und ein Ausblick ins Vilstal   23
- In einem Gasthaus trät Fritz „Die Waffen" vor   24
- Landwirtschaft bei Pronten   27
- Hebauf   28
- „Zimmermanns-Spruch aus Pfronten"   30
- Orientierungslosigkeit und Leichenzug   35
- Gebirgshäuser   38

Füssen   39

- Besuch des Mangfestes, des Schlosses und der Franziskaner 39
- Spaziergang von Füssen nach Pfronten   46

Auf dem Weg zum Hörnlein – Zweykampf   49

- Gespräch des Onkels mit Eduard   49
- Spaziergang zum Hörnle   50
- Erzählung des Onkels   51
- Nach dem „Zweykampf"-Vortrag   53

Pöllat und Hohenschwangau   60

- „Jugend", Pöllat und Hohenschwangau   60
- Eduard erzählt im Schatten von Hohenschwagau „Die Adepten" 67

Pinswang, Reutte   69

- Verwandtenbesuch am Nachmittag   69
- Auf dem Weg, wohl nach Pinswang   69
- Reute   70
- Ausflug nach Heiterwang   72

- Auf der Ruine Ehrenberg   73

Burgruine Falkenstein, Eisenberg und Hohenbreyberg   74

- Blick auf Falkenstein, Eisenberg und Hohenfreyberg   74
- Besuch der Ruine Falenstein   74
- Hochzeit in Hopfen   77
- Ruine Freyberg und Eisenberg   79

Das Achtal   81

- Ausflug in sAchtal   81
- Legende von den Teufelsteinen   81
- Versteckte Schätze aus der Schwedenzeit   82
- Wanderung zur „Dürren Ach"   83
- Wanderung im Tal der Ache   84
- Heimgang   84

Vilstal   85

- Aussicht in das untere Vilstal   85

Gespräche   87

- In der Ferienwohnung   87
- Eduard und der Onkel sprechen über die Liebe   89
- Eduard und der Onkel sprechen über geistliche Neigungen   92
- „Der Vogel Phönix"   95

Die Gemeinde [Pfronten]   96

Spaziergänge   116

- Letzter Spaziergang nach Steinach   116
- Mittagstisch   120
- Ein Dorfspaziergang   123

Sagen aus dem Allgäu   126

- Der Schaidbachmann   126

Burgberg und Sonthofen   128

- Eduards Urlaubsende, Besuch in Burgberg   128
- Almabtrieb bei und in Sonthofen   130

Abbildung auf dem Umschlag: Das Aquarell von Alois Epple, 15. April 2018, zeigt die Gegend um Pfronten.

Vorwort

Im Jahre 1834 erschien in Stuttgart/Tübingen/München Aurbachers „Ein Büchlein für die Jugend". Hier geht es um folgendes: Eine Großfamilie macht Sommerfrische in den Berchtesgadener Alpen. Bei jeder möglichen Gelegenheit erzählt ein anderes Familienmitglied ein Märchen oder eine Sage oder eine Legende oder etwas Landeskundliches. Die Sommerfrische ist also die Rahmenhandlung und in diesem Rahmen hängen verschiedene Erzählungen.

Aurbacher beabsichtigte wohl, wie schon bei seinem „Volks-büchlein", einen zweiten und vielleicht einen dritten Teil seines „Büchleins für die Jugend" zu veröffentlichen. Denkbar wäre auch, dass das Fortsetzungs-Büchlein den Titel „Ferienreise" haben sollte. Er kam aber nicht mehr dazu.

In der Pfälzischen Landesbibliothek in Speyer[1] liegen Aurbachers Skizzen für so ein Büchlein. Aus diesen geht hervor, das eine städtische Großfamilie Sommerfrische bei Füssen (an einer Stelle steht Pfronten, an einer anderen Stelle ist Faulenbach als Unterbringungsort genannt) macht. Von hier aus unternehmen sie Ausflüge und erzählen sich Geschichten, ähnlich wie im Jugendbüchlein, Teil 1.

Anhand dieser Skizzen wird hier versucht, den 2. Teil eines Büchleins für die Jugend zu konstruieren. In Aurbachers Nachlass in Speyer, Mappe 9, liegt nämlich ein nicht von Aurbacher mit Bleistift beschriebenes Blatt, auf dem steht:

Krypto-Nachlaß Ludwig Aurbacher
„Bruchstücke aus der Ferienreise III" (ca 1830)
Manuskriptkonvolut; Teile aus Rahmenerzählung zu „Die Adepten", betitelt mit „Hohenschwangau. Die Adepten. Erzählung Eduards, Reuti"

---

[1] Pfälzische Landesbibliothek in Speyer, Nachlaß Joseph Sarreiter, Mappe 10.

Manuskriptkonvolut; Teile aus Rahmenerzählung zu den Größeren Erzählungen, betitelt mit „Ausflug nach Burgberg und Sonthofen – Rückkehr nach München"

Vielleicht sollte Aurbachers Aufsatz „Der Gang nach dem Gottesacker" auch in diesem Büchlein veröffentlicht werden. Jedenfalls findet sich Aurbachers Autograph auch in Speyer. Es wird hier nicht abgedruckt, da es schon in der Zeitschrift „Eos", 19. Februar 1830, Nr. 29 publiziert wurde.

Aurbachers Manuskript ist hier kursiv geschrieben. Trennungen im Originalmanuskript werden nicht übernommen, wohl aber Unterstreichungen und Durchstreichungen! „..." bedeutet der Anfang einer neuen Manuskriptseite, ohne Bezug zur Vorgängerseite. Erläuterungen des Herausgebers sind normal geschrieben. Die Gliederungs-Überschriften stammen vom Herausgeber.

Auf mancher Manuskriptseite beginnt ein Satz ganz unvermittelt. Anscheinend ging hier die Vorgängerseite verloren.

Einiges aus Aurbachers Handschriften-Konvolut konnte bereits veröffentlicht werden, so eine „Magnussage" und eine „Magnuslegende"[2], ein Ausflug der Großfamilie am Magnustag nach Füssen, an den Alatsee und nach Vils,[3] ein Ausflug der Großfamilie nach Steinach[4] und nach Hohen Schwangau[5] und ein Zimmermannsspruch aus Pfronten[6].

---

[2] Epple, Alois: Die Magnuslegende und Magnussage von Ludwig Aurbacher, in: Jb. Alt Füssen 2005, S. 62 – 85.

[3] Epple, Alois: Zur Sommerfrische nach Füssen, in: Jb. Alt Füssen 2006, S. 115 - 122

[4] Ein Familienausflug nach Pfronten-Steinach – Ein kleine Landeskunde von Ludwig Aurbacher, in: Rund um den Säuling, Historische Jahresschrift, Jg. 2, Füssen 2013, S. 57 – 62

[5] Von der Pöllatschlucht und von Hohenschwangau, in: Rund um den Säuling 2015, 4. Jg, S. 71 – 76

Pfronten

Aufbruch in die Sommerfrische

Die Großfamilie fährt Anfang Herbst in die Sommerfrische.

Diese Familie setzt sich zusammen aus:
- den Großeltern, welche immer noch *rüstig und rührig* sind,
- dem noch im Beruf stehenden Vater,
- der kränkelnden, heiteren, häuslichen Mutter,
- dem Onkel, welcher immer noch unstet ist und sich nicht entschließen kann, zu heiraten oder Priester zu werden,
- der Tante bzw. die Schwester der Mutter, welche sich *wohltätigen Werken* zuwendet, nachdem ihre Neffen und Nichten sie nicht mehr brauchen,
- den Söhnen Karl und Fritz, welche eine öffentliche Schule besuchen,
- der Tochter Malchen, einer *holdseligen Jungfrau* und
- der Tochter Minchen.

In der Gegend, in der diese Familie Urlaub machen will arbeitet Eduard, der sich in Malchen verschaut hat. Man will sich später mit ihm treffen. Die Großmutter ist schon voraus gereist. Sofort nach Schulschluss reist die restliche Familie nach.

---

⁶ Ein Zimmermanns-Spruch aus Pfronten, in: Alt Füssen, Jb. d. Hist. Vereins „Alt Füssen", 2007, S. 133 – 140

... *Die Mitglieder der Familie selbst hatten sich inzwischen weder vermehrt noch vermindert. Die Großältern*[7] *waren immer noch rüstig und rührig, der Vater thätig in seinem Berufe, die Mutter, obgleich meistens kränkelnd, doch heiter und häuslich. Der Onkel, unstät umher schwärmend im Gebiethe der Schule und des Lebens, schien noch immer zu keinem bestimmten Entschlusse in der Wahl des künftigen Standes kommen zu wollen; die Tante, seit ihre ~~die~~ Mühe und Sorge für die, ihr nun entwachsenen Kinder überflüssig geworden, wandte ihre Zeit gern ~~zu~~ wohlthätigen Werken, ~~zu~~ ~~den~~ Armen und den Kranken zu. Karl und Fritz besuchten die öffentliche Schule. Malchen, die seit jener Zeit zu einer holdseligen Jungfrau heran gewachsen, beschäftigte sich mit Minchen, ihrer jüngeren Schwester. Nur ein junger Mann, der bey der Bergwerks-Administration in Diensten stand – wir wollen ihn* <u>Eduard</u> *nennen – möchte als ein neu angehendes* ~~Mitg~~ *Familienmitglied gelten; denn es hatte sich, wie es schien, zwischen ihm und Malchen ein* ~~regeres~~ *näheres Verhältniß angeknüpft, welches die Ältern* ~~nur~~ *als ein standgemäßes und ehrenhaftes* ~~ehren- und hoffnungsvolles~~ *anerkennen mußten. Und da es sich fügte, daß er um diese Zeit, im Spätsommer,* ~~in Com~~ *auf dem nahen Hüttenwerke zu* <u>Burgberg</u> *ein Commissarikum hatte, so hoffte man, daß er wenigstens* ~~so gedachte er wenigstens einige Tage nach dem nahen Pfronten~~ *auf einige Tage in der Mitte der Familie werde zubringen* ~~zu~~ *können.*

Die Großmutter war inzwischen schon einige Tage früher dahin voraus gegangen, um die nöthigen Vorkherungen zu treffen zum Empfange ~~und~~ *der zahlreichen Familie. Sobald die Schulen geschlossen waren, säumte man nicht einen Tag mehr* ~~mit dem Lande zubringen zu können~~ *das Vergnügen des Landlebens genießen zu können.*

---

[7] Im Verlauf der Erzählung kommt nur noch eine Großmutter vor.

Ankunft auf dem Lande

Die Großfamilie kommt nach Pfronten, der Heimat der Großmutter, und steigt im Gasthaus, aus dem die Großmutter herstammt, ab. Dort kommt ihnen auch schon die Oma entgegen. [8] Sie trägt Alltagstracht. Nach der Begrüßung und Unterbringung gibt es eine Mahlzeit und dann geht's ins Bett. Am nächsten Tag, es ist Sonntag, geniest der Vater die Morgenstimmung mit fast religiösem Empfinden und weckt dann die anderen. Nach dem Morgengebet gibt es Frühstück unter einer Linde. Von hier aus beobachtet man Leute, welche in die Kirche gehen.

... Die Reisenden langten noch zu guter ~~Zeit~~ Tageszeit in Pfronten an, und stiegen im Gasthause ab ~~welcher den~~ der Heimath der Großmutter. Als sie anfuhren, kam ihnen alsbald ein altes „Mütterle" entgegen, die, ~~sie~~ in ihrer Mundart, sie alle freundlichst begüßte und jedem Einzelnen aus dem Wagen half. Sie war in der gemeinen Tracht der Gegend gekleidet, in „Kittel", „Mieder" und „Scharkle", eine ~~Pelzh~~ „Pelzkappe" auf dem Haupte, unter welcher ein schmaler, weißer ~~leiner~~ Linnen=Streif um die Stirn sich legte. Fritz, ~~war~~ der die wunderliche Gestalt näher betrachtete, entdeckte als erster die Vermummung. „Bist du's Großmutter?" „Ja, Herzele! Wer denn sonst?" „Ey, wie siehst du so ‚wüest' aus!" rief der Knabe, und warf sich freudig an ihre Brust. Nun gings an ein drücken und Herzen und Küssen die Reihe durch, unter Rührung, Scherz und Gelächter. Dann ~~ging~~ trat man unter Dach; und die Großmutter trippelte emsig voran, hin und her, auf und ab, um die Gemächer zu vertheilen;was sie alles gar gut angeordnet hatte. Nach

---

[8] Diese Bemerkung steht im Gegensatz zum vorherigen Kapitel. Nach dem vorherigen Kapitel ist die Großmutter vorausgereist. Nach diesem Kapitel wohnt sie hier, in Pfronten.

einer frugalen Mahlzeit begaben sich die Reisemüden bald zu Bette --
---

…„Hosen=Tottln" und du, Malchen, die „Kittel=Tottle" bewirthen;
ihr werden drum nicht zu kurz kommen." Das war beyden ganz
recht; und nachdem nun die Kinder zusammen ihr übliches
Tischgebeth andächtig mit gesenkten Augen und gefalteten Händen
verrichtet, setzte man sich zu Tische.

[alternative Version an anderer Stelle: *Nachdem nun die Kinder*
zusammen ihr übliches Tischgebeth andächtig, mit gesenkten Augen
und gefalteten Händen verrichtet, setzte man sich zu Tische.]

Die Familie genoß das gewöhnliche frugate Mahl, nur daß eine
Tracht köstlicher Fische und ein frischer Gemsbraten dazu kam,
„zum Willkomm, sagte die Großmutter, an den Ufern der <u>Vils</u> und
an dem Fuße des weidereichen <u>Breitenbergs!</u>" Die Kinder bekamen,
was ihnen wohl am liebsten war, nebst einer schmackhaften
„Ribele=Suppe" nur Mehlspeisen: „Schlotter=Nudlen", "Nienzlau"
und „Bäppele", welche Speisen alle die Großmutter schmackhaft
zubereitet hatte: ~~Lant`s ui braf~~ *Land's ui' braf schmecken!" – „Got*
seng es!" – ~~Geßet, und was ir it eßet, dös schibt ein.~~ *sagte sie ein=*
um das andere mal, die Blödigkeit der Einen ermunternd, an dem
Appetit der Andern sich erfreuend. – Zuletzt kam die Reihe an das
Gebäcke. Je zwey Kinder trugen die Schüssel zur Familien=Tafel,
und bothen die Speisen an. Man konnte nicht umhin, von jedem
Confect wenigstens zu kosten, um die Kunst der Köchin gebührend
zu würdigen.

Des andern Morgens - es war ein Sonntag – stand der Vater schon
frühe am Fenster; ~~und~~ *er sah in die noch dämmernde Gegend*
hinaus, und erquickte sich an der frischen ~~duftgeschwängerten~~
Morgenluft. Der Morgenstern leuchtete noch am Firmamente, wie
ein, von freudiger Sehnsucht befeuchtetes Auge, über den östlichen

Hügeln schwebte ~~noch~~ *ein leichtes Roth, wie an den Wangen einer keuschen Braut, wenn sie ihren Bräutigam erwartet;* ~~der~~ *in der Niederung schlummerte noch alles in kräuselnde Düfte, gleich Morgenträumen, gehüllt. – Der Vater weckte die Schläfer im Hause, daß sie Theil nähmen an dem reitzenden Schauspiele. – Schon ward es licht auf den Bergspitzen, und* ~~die Nacht~~ *das Morgenroth, der Herold des Tages, trat immer näher und heller herauf; die Flur dampfte ihren Püfer=Rauch~~wolken~~ dem Kommenden entgegen; das Gevögel schwirrte auf und schwang sich zur Luftregien [?], um dem Tagsgestirn* ~~sich ihren~~ *freudigen Gruß darzubringen. Und sie kam///line rührende Stille, voll Andacht und Anbethung,* ~~verbreitete sich~~ *ergriff* ~~sie~~ *Alle; der Vater sprach laut das Morgengebeth, und ihm antwortete ein allgemeines „Amen!"* ~~voll~~ *freudig, zuversichtlicher Erwartung eines sonnenhellen Tages.*

Es ward beschlossen, das Frühstück unter der Linde einzunehmen, die hinter dem Hause mitten auf dem Grasplan steht. Ein Baum in vollester Kraft und Stärke, dessen dicht belaubten Äste und Zweige sich hoch erheben und weit verbreiten, doch genug noch Raum gebend zur Aussicht in die grüne Gegend, und zum Aufblick ins Himmelblau, das seine Lichter zwischen die Blätter fernnaher Thannen läßt.

~~Kirchgänger~~ *Männer und Frauen, in feyertäglicher Kleidung, giengen einzeln und in Gruppen zur Kirche und alle begrüßten freundlich und höflich die fremden Gäste unter der Linde.*

Kirchgang

Die Steinacher Buben und Mädchen, die an der frühstückenden Großfamilie vorbei in die Kirche gehen, haben heute ihren Ehrentag. Sie dürfen in den vorderen Kirchenbänken knien. An jedem Sonntag darf dies die Jugend eines anderen Ortsteilschaft. Voraussetzung ist allerdings, dass sie sich bis dato sittlich und tugenhaft benahmen. Die Glocke läutet und so geht auch die Großfamilie in die Kirche. Sie bekommen im Oratorium Platz. Ganz vorn sind die Kinder, dann folgen die Frauen, längs der „Porleiten" die verheirateten Männer, auf der unteren Empore die unverheirateten Männer und auf der oberen Empore ist der „Musikchor". Da es Königs Geburtstag ist gibt es ein besonders festliches Hochamt.

Ein zahlreicher Zug von kräftigen Jünglichen und hübschen Mäachen ~~wie Buben und Fölen, wie sie die Großmutter nannte~~ fiel besonders ins Auge, und erregte die Aufmerksamkeit Aller. „Es sind erst die <u>Steinacher</u> „Buben und Fölen [Mädchen]", bemerkte die Großmutter, welche heute ihren <u>Ehrentag haben</u>. Ihr müßt nämlich wissen, daß hier in der Pfarrey seit undenklichen Zeiten ~~der Brauch ist~~ ein löblicher Brauch besteht, ~~ist~~ der viel beyträgt zur Erhaltung eines sittlichen Betragens und tadellosen Rufes unter der Jugend. An jedem Sonntage nämlich genießen die jungen Leute, nach der Reihe der Ortschaften, die besondere Ehre, die ersten Bänke in der Kirche während des Gottesdienstes einzunehmen, wobei sie denn billiger Weise in ihrem schönsten ländlichen Staat[Kleidung] erscheinen. Diejenigen welche keines guten Rufes sich erfreuen, sind davon ausgeschlossen, oder schließen sich vielmehr selbst davon aus. Die Glocke mahnte endlich die Familie selbst zum Aufbruch in die Kirche. Man wies ihnen das Oratoarium an. Das Gotteshaus ~~Kirche~~ war gedrängt voll; voran die Kinder; dann in unabsehbaren Reihen,

~~das~~ auf beyder Seiten das weibliche Geschlecht ~~auf beyden Seiten, gedrängt getrennt, die Männer und die Weiber, auf der Emporkirche die ledigen Burschen, dicht gedrängt; über denselben der Musik=Chor. Bey allem denn eine Ruhe, Ordnung und Andacht~~ im Hintergrunde der Kirche, längs der „Porleiten" die Männer; ~~über denselben,~~ auf der „Porkirchen" die ledigen Burschen, und über denselben endlich der wohlbesetzte Musik=Chor. Bey allem, dem, und bey einer Menge von nahe an zweytausend Menschen, eine Ruhe und Ordnung ~~Sitte und Ruhe eine Ordnung~~ und Andacht, wie sie sich nur für einen Gottesdienst ziemen ~~mögen~~. Da die Rural=Gemeinde an diesem Sonntage zugleich das Geburtsfest des Königs feyerte und so ward denn das Hochamt ~~feyer~~ feyerlicher mit mehr Pracht,

Mittagessen

Nach der Sonntagsmesse trifft man sich zum Mittagessen im Haus der Großmutter. Dort wird die Großfamilie auch von den Patenkindern der Großmutter begrüßt. Im geschmückten Saal sind zwei Tische gedeckt: einer für die Erwachsenen, der andere für die Kinder. Auf einem dritten Tisch stehen Gefäße und allerlei Gebäck. Die Großmutter sagt zu Fritz und Malchen, dass sie Typisches gekocht hat: Zarring, Hasenörle und Baurenpöppele.

Als die Familie nach Hause gekommen, war durch die sorgfältige Großmutter schon alles zu dem Mittagmahle bereitet. Sie führte die Gäste also gleich in den großen Saal, wo gespeist werden sollte.
Etwa ein Dutzend Kinder aus der Gemeinde, Knaben und Mädchen, in ihrer besten Feyertagstracht, ~~empfingen~~ traten ihnen entgegen und überreichten einem jeden ein Bluemsträußchen. Das sind meine „~~Tottle~~Tottle" [Patenkinder] sagte die Großmutter; ich wollte sie

heute an unserm Familienfeste theil nehmen lassen, was eben nicht alle Jahre geschehen. Der Saal selbst war auch durch Anordnung der sorgfältigen ~~Groß~~ Hausfrau mit Laubgewinden einfach verziert. Zwey Tische waren gedeckt, einer für die Familie, der andere für die Kinder; auf einem dritten standen mehrere Gefäße voll allerley Gebäckes. „Ich wollte mich einmal wieder, sagte die Großmutter, in der ländlichen Küche üben und allen meinen Kram auslegen." „Seht! sagte sie zu Malchen und Fritzen, die sich am nächsten zum Eingang gedrängt – das sind „Zigarring", und das sind „Hasenörle" und das sind „Baurenpöppele", was wollt ihr denn am liebsten?" „Alles zusammen", rief Fritz, und konnte sich nicht satt sehen und satt lachen über die so wunderbaren Benennungen. „Wenn ihr beyde so wollt, sagte die Großmutter, so setzt euch an den Tottle=Tisch; du, Fritz ~~kann~~ magst dann die...

Vesper in der Pfarrkirche St. Nikolaus und Gang zum Friedhof[9]

Am Nachmittag besucht man eine „Vesper" in der Kirche in Pfronten. Die Vesper wird dort nicht mehr lateinisch, sondern auf Deutsch gesungen.

Nach diesem Gottesdienst besichtigt die Familie die Kirche von Pfronten. Auffallend hier die klassizistische Kirchenausstattung und ein Barockbild von Pellegrini, welches allerdings nicht dem Geschmack des Onkels entspricht.

Danach geht man auf den Friedhof in Kirchennähe mit der Friedhofskapelle, ausgestattet in „deutschem Styl".

---

[9] Dieses Kapitel mit abgebildetem Pellegrinibild ist kommentiert in: Ein Familienausflug nach Pfronten-Steinach" – Ein kleine Landeskunde von Ludwig Aurbacher, in: Rund um den Säuling, Historische Jahresschrift, Jg. 2, Füssen 2013, S. 57 – 62

Man versäumte nicht, der Vesper=Andacht in der Kirche beyzuwohnen, da man vernommen, daß das zahlreich versammelte Volk psalmen-ähnliche Gesänge in deutscher Sprache ~~vortragen~~ nach den kirchlichen Tonarten vortragen wolle Es war auch dießmal wieder die Überzeugung befestiget, daß nichts Erhebenderes gehört werden könnte, als ein solcher Volksgesang, der zumahl wie hier, mit diesem richtigen Zusammenklang der Stimmen ~~und mit~~ bey dieser tiefen Andacht der Gefühle in einem Tempel erschallt.

Nach der Vesper ~~Die übrigen Nachmittagsstunden verbrachte die Familie mit Kreuz= und Quer= Gängen durch die verschiedenen Ortschaften. Man sah überall reinliche Häuser und fröhliche Menschen. Die Wohnungen, obwohl meistens nur von Holz erbauet, hatten gewinnend dadurch einen freundlichen Anstritz und dauernden Gehalt, dass die innern und äußern Wände mit Latten überzogen und, wie bey uns die Decken der Zimmer, mit Mörtel verkelidet werden. Man glaubt, gemauerte Häuser vor sich zu sehen; jedenfalls halten sie in ded langen und strengen Wintern dieser Gegend die Kälte mehr ab, als diese.~~

… Nach der Vesper, als das Volk größten Theils schon auseinander gegangen, besah man sich genauer die Kirche. Geräumig genug für die zahlreiche Gemeinde, nicht mit Schmuck überladen, sondern wie es zur ländlichen Sitte passt, einfach, reinlich und zierlich, bloß mit den Attributen des katholischen Gottesdienstes und der christlichen Andacht versehen, stellt diese Halle den getreuen Abdruck dar des religiösen Sinnes, der dem Volke selbst inne wohnt. Die drey Altargemälde sind beachtenswerth; besonders gefiel das Eine, die heilige Familie vorstellend, von <u>Pellegrini</u> [1675 – 1741]. Maria, sitzend, hält das Christkindlein auf dem Schoße, Sankt Joseph bringt Blumen und Früchte, indem das Kind darnach verlangend, ~~nach die Ärmchen darnach ausstreckt, will die Mutter~~ sich geberdet, streckt die Mutter den Arm aus, um sie ihm zu reichen. Der Onkel, als er die Frauen und Kinder mit Wohlgefallen an dem Bilde hängen sah,

*sagte tadelnd, in seiner Weise: „Zu weichlich, um dem Kunstsinne
zu genügen, und zu weltlich, um Andacht zu erregen!" „Hörst du
dich wieder, eiferte die Tante gegen die Mutter, wie er uns allen
Genuß verkümmern will?"*

*... „Lassen wir ihn, erwiederte lächelnd die Mutter, und erfreuen
wir uns umso inniger an dieser lieblichen Darstellung.
Wie ~~sollten~~ könnten die warmen Naturgefühle durch die kalte
Kunstregel je verirrt und gestört werden? Der Onkel, gern endend,
wandte sich ab, und gefiel sich wie es schien, desto mehr in der
Betrachtung der beyden andern Altargemälde (von Keller), Christus
am Kreuz, und dessen Auferstehung darstellend, welche allerdings
einem kritischen Geist mehr Raum zur Reflexion geben.
Der nächste Gang aus der Kirche ist, gemäß der Sitte frommer
Gläubigen, ~~der~~ nach dem Gottesacker, um ~~sich~~ da der lieben Todten
~~einen B~~ zu gedenken. Die Großmutter lenkte die Ihrigen auch dahin;
wobey sie nicht ~~aus~~ unterließ, ~~dabey nicht, sie auf~~ auf die Kapelle
aufmerksam zu machen, die noch erst jüngst hier auf den Betrieb des
würdigen Seelsorgers, durch freywillige Handreichungen der
Pfarrgenossen, ohne die mindeste Beschwerung der Gemeinde
selbst, erbaut worden ist ~~Sie ist nach einem //// altdeutschen Styl
entworfen und ausgeführt, bloß mit einem freystehenden durch ein
Paar Reliefs verzierten Altare versehen; Altare mit ein Paar Reliefs
Relief's versehen wohl aber fesselt das Auge, zu ernster /// Gefühlen
auffordert. Architekt, Bildhauer und Mahler in Einer Person ist ein
junger Künstler~~*

*... Das Kirchlein entspricht ganz seinem untergeordneten Zwecke,
als Bethhaus zu dienen bey Begräbnissen oder sonstigen
Privat=Andachten. In einem einfachen Style nach deutscher Art und
Kunst entworfen und ausgeführt, soll es bloß mit einem
freystehenden, durch ein paar Reliefs verzierten Altare versehen*

werden, so dass denn das Hauptstück, das Fresko-Gemälde hinter dem Altar, das jüngste Gericht vorstellend, seinen Eindruck auf den Beschauer nicht wird verfehlen können, und allerdings, nach Inhalt und Form, ganz geeignet seyn wird ~~zu erster Betrachtung und frommer~~ zu frommer Erwägung aufzuregen und in ernster Betrachtung hinzuhalten. Der Künstler – Architekt, Bildhauer und Mahler in einer Person – ein geborner Pfrontner (Osterried) wollte eben auch, neben seinen Pfarrgenossen, sein Scherflein zur Auferbauung der Gemeinde beytragen und ein Denkmahl seiner Verehrung stiften. Nicht genug, konnte aber die Großmutter die ~~Mühen und Sorgen~~ Bemühungen des ~~würdigen~~ Pfarrherrn rühmen, dessen Obsorge das Kirchlein zunächst sein Daseyn verdankte, wie sie denn beynahe unerschöpflich war in dem Lobe des geistlichen Herren ~~wie sie denn unerschöpflich war in dem Lobe des würdigen Mannes, seiner Frömmigkeit und seines Seeleneifers, seiner sittlichen Reinheit und Würde, und seiner großen Leutseligkeit und herablassenden Güte, unerschlpflich war~~

vielleicht eine Alternative oder Ergänzung zu oben:

… erfreut verlockt; und ~~schon~~ bald erschallet zu erhöhter Erbauung während einzelner kirchlicher Handlungen der volle, gewaltige Volksgesang durch die geräumigen Hallen des Tempels. ~~Stellt~~ Zeigt sich mitunter das Bedürfniß ~~heraus~~ zur Unterstellung eines neuern Altargemäldes statt des ältern, welches dem kirchlichen oder Kunst: Charakter nicht entsprechen mag, zur Anschaffung anderer Kirchenzierden, zur Erbauung einer Kapelle etc., so ist er unermüdet und unverdrossen in der Anwerbung ~~um~~ seiner Pfarrkirchen um Beysteuer und Beyhülfe, und er selbst, mit gutem Beyspiele vorangehend, ~~legt~~ trägt sein nahmhaftes Scherflein bey, oder legt wohl gar, unter denen, welche um Gotteswillen Frondienste leisten, mit hand an. – so nach allen Seiten hin Gutes wirkend und schaffend, genießt er denn fraglich das Vertrauen, die Liebe und Ehrfurcht der ganzen Gemeinde; Gesinnungen, die ihm so fern

erquicklich und erfreulich erscheinen, als sie ihm die Gewährschaft geben, daß er fortan leicht und sicher wirken könne zur Ehre Gottes und zum Nutzen der Menschen." ___

Besuch des Pfarrers von Berg

Nach dem Besuch von Berg, Gemeinde Pfronten, besucht man noch den dortigen Pfarrer. Dieser hat jedoch wenig Zeit. Er muss die Feiertagsschule überwachen, Krankenbesuche machen und in der Kirche tätig sein.

... Man wollte noch, ehe man von „Berg" schied, dem würdigen Pfarrherrn einen Besuch abstatten. Als man aber in dem Hausflur noch mehrere Leute stehen sah, welche des Gehörs harrten, um sich beym „Herrn" Rath zu holen, so trat man zwar ein – da der Pfarrer, die A der die Ankunft der Gäste schon erspäht hatte, ihnen entgegen gekommen – man hielt sich aber nur sehr kurze Zeit auf, so weit es der Anstand forderte eben erlaubte und forderte,-sich den Besuch auf ein anderes Mal versparend. Und man gewahrte auch späterhin wirklich daß der Besuch die Visite bey dem vielbeschäftigten Manne. Auch in der Abendstunden noch ungelegen gewesen wäre; denn bald darauf sah man ihn zur Schule wandern, wo die Feyertagsschüler versammelt waren um den Unterricht der Feyertagsschüler zu überwachen, und, nachdem er hier eine geraume Zeit verweilt, alsbald seine Krankenbesuche zu machen, die er, der kirchlichen Verrichtungen wegen, bis auf den Tag über nicht hatte vornehmen können. Und so mochte ihm denn auch am späten Abend die Einsamkeit bey einem frugalen Mahle höchst willkommen seyn.

Von den Eindrücken des verlebten Tages ergriffen, sprach der Onkel im Nachhausegehen, im Geleite der Männer: „ Ich kann mir

Abendspaziergang zur Kirche in Steinach

Am Abend geht die Familie nach Steinach. Dort bestaunt man die Kapelle. Auf dem Rückweg besuchte man in Esch die Werkstätte der Geb. Haff.

In den Abendstunden, da es wieder heiter geworden, machte die Familie noch einen Gang nach <u>Steinach,</u> wohin der Weg durch freundliche Fluren führt. Angesichts der Voralpen, die in das ~~untere~~ Vilstal auslaufen. ~~In den dortihgen Kirchlein besuchten sie die~~ Man unterließ nicht, in dem dortigen Kirchlein die Bilder zu beschauen ~~die Gem sich an die Bilder, Gew////~~ welche derselbe junge Künstler, den man bereits kennen gelernt, zur Erbauung der Andächtigen Gläubigen gefertigt hat. Ein Gemälde, der hl. Xaverius darstellend, wie er zwey Mohrenkinder tauft, zog besonders aller Augen auf sich. In einer offenen sonngetauchten Indischen Gegend, steht der Heilige, voll Andacht und Anmuth in Blick und Geberde, während die ~~links~~ zur Linken und zur Rechten knienden Kinder ihr inbrünstiges Auge zu dem Apostel erheben, der seligmachenden Taufe gewärtig. - Auf dem Rückwege besuchte man in <u>Esch</u> [Ösch] die mechanische Werkstätte der Gebrüder <u>Haff</u> , deren Arbeiten weit und breit ~~sogar~~ über Deutschland hinaus gesucht werden. Hatte man zwar auch schon früher Gelegenheit gehabt, wohl noch umfassendere und künstlichere Institute ~~Werkstätten~~ dieser Art zu sehen, so ~~beschaute~~ fand man doch hier um so größeres Interesse daran. ~~Um wie weniger man~~ als man in ...

22

Eine Wanderung durch Ösch und ein Ausblick ins Vilstal

Man wandert durch Esch (Ösch) mit seinen alten Häusern und
geniest den Ausblick ins unteres Vilstal. Der Vater erinnert die
Kinder, dass sie ihre Geschichte erzählen müssen.

*… irgend eine //ähre sich gar wohl ausnehmen, und uns die Zeit
angenehm verkürzen könnte, so mögt ihr, meine Kinder, nur gleich
eure unausgedungenen Erzählungen vortragen, die ihr, wie ich
weiß, schon vor dem Antritt unserer Ferien=Reise gefertigt habt,
damit ihr euch hier ja recht ungestört dem Müßiggange hingeben
könnet. Wir Andern wollen dann zu einer andern Zeit eurem
Beispiele nachfolgen, und so das Gesetz erfüllen, welches wir uns zur
frommen allgemeiner Unterhaltung auferlegt:
Indem sie des Weges durch den Ort das Dorf Esch [Ösch] gingen,
und die Häuser wohl zu betrachten Zeit fanden – denn die
Großmutter wurde gar oft von Grüßenden angesprochen und im
Gespräche hingehalten – bemerkte der Onkel über die der Thür eines
Hauses eine alte Inschrift auf einem eichenen Brettchen geschrieben,
auf welche er die Begleitenden aufmerksam machte. Karl versuchte
sich alsbald an der Entzifferung der alten Schrift, und er brachte,
mit einiger Nachhilfe des Onkels, die Worte heraus:*[10] *„Do man zält
MCXXXIIII ist dis thür gemacht zu der zit hat das körn golten
XLVIII kreuzer und der roggen XL kreuzer. H. Gugger" – „Und
was ist denn – fragte die Tante, des Aufenthalts verdrüßig –
Bemerkenswerthes dran?" Nichts Erstlich nichts, erwiederte der
Onkel, für Leute nämlich, die keinen Sinn haben für Antiquitäten.
Zweytens sehr vieles, z.B. dieß, daß die sich lichtesten Leute hier
noch Sinn für dergleichen alte Dinge haben; ein Volk dagegen,
welches in der Vergangenheit wurzelt, wird auch rüstig und rührig
sich in der Gegenwart bewahren, und bleiben und dauernd sich*

---

[10] Hier steht am Rande, wohl von Sarreiter zugefügt: „In der Esch".

erhalten in Sprache und Sitten und Gewohnheiten, überhaupt in der altväterlichenGesinnung bis in die späteste Zukunft."
Als man ins Freye gekommen, und nun dahin wandelt laden der Ausblick in's untere Vils=Thal sich allmählig

In einem Gasthaus bei Ösch trägt Fritz „Die Waffen" vor

In der „Fallmühle", einem Gasthof bei Ösch, macht die Gesellschaft Abendbrot. Es war vorgesehen, dass Minnchen die Fabel „Mutter Reh" vorträgt. Dieses Kapitel strich Aurbacher jedoch an dieser Stelle und ließ Fritz „Die Waffen" erzählen. Später änderte Aurbacher anscheinend diese Reihenfolge und läßt hier Fritz „Mutter Reh" erzählen.

~~*Die Familie war inzwischen an der Fall=Mühle angekommen, zur Stelle, da sie zu ihrem End= und Rastziel bestimmt hatte. Man lagert sich in einen traulichen Kreise, und*~~ *Nachdem die Mutter vorläufig ein Gericht von Fischen bestellt hatte, wurde nach einiger Rast die* ~~*Kinder*~~ *Knaben auch gefordert, ihre Erzählungen, die sie bereits vor dem Antritte der Reise gefertigt hatten, zur Erheiterung der Gesellschaft in dieser stillen Einsamkeit vorzutragen.*
~~*Minnchen, die den Anfang machen sollte, gestand schüchtern, ihre Erzählung sey ganz kurz, und nur eien Fabel; auch habe ihr die Tante geholfen, besonders was die Lehren betrifft, die ihr wohl nicht dabey eingefallen wären. Sie las:*~~
~~*Mutter Reh.*~~ [11]

---

[11] Die Tierfabel „Mutter Reh" veröffentlichte Joseph Sarreiter in: Gesammelte Erzählungen von Ludwig Aurbacher, Freiburg 1881

… *Fritz, um sich eine Verlegenheit zu ersparen, und aus dem Gefälle lauterer Wahrhaftigkeit, welche* ~~nur~~ *noch bey unverdorbenen Kindern zu finden ist, und ihnen so rührend schön steht, - fragte vor allem: Ob er auch bekennen solle, wer ihm geholfen habe?* ~~Und auf~~ *Der Onkel aber sagte: „er solle die Erzählung nur frischweg als <u>sein</u> Werk ausgeben; man werde es ihm ohnehin nur halbweg glauben."*
Da begann er rasch und zuversichtlich, wie in Allem, seinen Vortrag:

<u>Die Waffen</u>[12]

Fritz, nachdem er geendigt sah ~~fragend~~ *die Großmutter an, gleichsam fragend, ob ihr die Erzählung gefallen habe. Diese lobte ihren Liebling, und* ~~mit bemerkt~~ *sagte: daß sie mit besonderm Wohlgefallen bemerkt habe, wie er das liebe, scheue Gewild des Waldes sogar in zärtliche Obhut genommen, er, der doch von Kopf bis zu Fuß als ein wilder Jäger erscheine. Wahrscheinlich aber – fuhr sie scherzend fort – habe er sich dabei noch an den bedenklichen Vorfall auf der „Ris" in Partenkirchen erinnert, wo ihm* ~~die~~ *darauf die Tante eine so eindringliche Lection gelesen. Fritz erröthete leicht; doch sich sogleich wieder fassend und anderwärts einlenkend, sagte er zur Großmutter. Aber jetzt mußt du uns auch auf dem Rückweg wieder Geschichten erzählen und zwar recht lustige.* ~~Die~~ *Goßmutter erwiederte: Zeit gebe Rath, und sie müsse erst abwarten, ob sie dann noch bey gutem Äther sey und in rechter Laune, was alten Leuten nicht immer* ~~beg~~ *zu Geboth stehe..*

… Nachdem man die Erfrischungen eingenommen, trat man noch zu guter Zeit den Rückweg an. Die Großmutter, an welche sich die

---

[12] Hinweis: Diese Erzählung veröffentlichte Aurbacher auch in „Charitas, Festgabe für 1842 von Eduard von Schenk". Sie wurde auch veröffentlicht von Joseph Sarreiter in „Gesammelte Erzählungen von Ludwig Aurbacher", Freiburg 1881: Im Maunskript ist hier hinzugefügt, wohl von Sarreiter: *Charitas VI. Jhrg.*

Kinder angeschlossen, ging voraus, um, wie sie sagte, einen
Vorsprung ~~zu~~ gewonnen zu haben, wenn ihr fataler Husten ihr
Stillstand geböthe; die Übrigen, gruppenweise vertheilt, folgten, in
traulicher Unterhaltung begriffen.

Fritz will, dass nun die Großmutter eine Geschichte vorträgt.
Diese meint jedoch, dass die Umstände hierfür nicht geeignet
seien. So rätselten die Knaben über die Höhe des
Breitenberges und wieviel Zeit man benötigt, ihn zu besteigen.
Dann macht die Großmutter Rast an einer Stelle, wo man
einen schönen Ausblick ins Pfrontener Tal genießen konnte.
Dann beginnt die Großmutter zu erzählen. Was sie erzählte
geht aus Aurbachers Manuskript nicht hervor.

Der ungeduldige Fritz drang ~~sogleich~~ alsbald in die Großmutter, sie
möchte ihre Geschichten zum Besten geben. Jene ~~sagte~~ erwiederte
aber ganz trocken: „Dazu müsse sich eben Gelegenheit finden;
dergleichen Geschichten seyen wie Funken, die eben nur durch
Reibung von Stahl und Eisen gewonnen werden könnte. Sie wollte
sich eben nur Ruhe verschaffen vor dem Ungestümm des Knaben,
und ihn nöthigen, seine Aufmerksamkeit auf andere Gegenstände
hinzulenken. Dies bezwichte sie auch, indem die Kinder über
verschiedene Materien ~~sich~~ sprungweise sich unterhielten. So
entstand denn auch alsbald zwischen den Knaben Streit, wie hoch
der Breitenberg sey, und wie viel Zeit man brauche, um da hinauf
und zurück zu kommen. Die Streitenden wandten sich zuletzt an die
Großmutter: sie sollte entscheiden. „Das sollt ihr erfahren" – sagte
sie, - ~~indem sie zu erzählen anfing:~~ sobald wir dort vorn an der Ecke
angekommen sind, wo ich ein wenig Rast zu halten gedenke. Es war
die Stelle, wo sich wieder ein Ausblick in das Pfrontner Thal
eröffnete, das zumal heute in der vollsten Abendbeleuchtung sich
ungemein freundlich anließ. Die Kinder selbst wurden durch die
Sonne überrascht, und schauten stillschweigend in die ~~gegen abend~~

b. Gegend hinaus, - bis endlich der ungestüme Fritz die Großmutter anging, ihr gegebenes Wort zu lösen.

„Ihr wollt wissen, sagte sie, wie hoch der Breitenberg sey? Das weiß ich selbst nicht genau; denn es sind schon viele, viele Jahre her, daß ich dort oben gewesen bin. Aber eine Geschichte will ich euch erzählen, woraus ihr entnehmen möget, wie viel Zeit man ~~braucht~~ *ungefähr braucht, um hin und her zu kommen, falls Einem das Magen= und Fußschmalz nicht ausgeht. – Eines Tags …*

Landwirtschaft bei Pfronten

Anscheinend redet Eduard redet mit seinem Schwiegervater in spe über die Fruchtbarkeit der Gegend um Pfronten. Dann schlägt er ihm am nächsten Tag einen Spaziergang auf den Breitenberg vor.

… wo ihr Pfrontner eigentlicher, gemeinsamer Schatz liegen, die Alpenweide, davon an ein Paar Tausend Stück an „Galtvieh" und Rossen ihre gesamt, reichliche Sommernahrung fänden (wir mußten aber schon sehr aufbrechen, sagte ich, und kämen erst sehr spät nach Haus) da bedankte er sich, seine alten Beine vorschützend, und ~~warf sagte,~~ *daß er dieß alles sogleich auf Treu und Glauben nehmen wollte. Kurz, er willigte nun ohne weiteres Bedenken in eine Heirath mit seiner Tochter, meiner lieben Hausfrau.* ~~Diese freylich muß es aber oft genug von mir hören daß~~ *Und es reute ihn auch nie den Schwiegervatter – schloß er scherzend –; und daß auf dem fetten wohlbereiteter Grund Vater Gottes* ~~seinen fruchtbaren~~ *Regen und seinen Sonnenschein alles so wunderbar hier gedeihe, wie er es sein Lebtagen nie gesehen; und als ich ihm drauf sagte, daß in der hiesigen Gegend wegen dieser außerordentlichen Fruchtbarkeit und anderer Umstände wegen ein Jauchert zehnfach mehr im Werth sey,*

als druntern im Unterland; da nickte er mit dem Kopfe, als ob er
sagen wolle, es sey doch etwas daran, und mehr als er geglaubt. Auf
den andern Tag schlug ich ihm einen Spaziergang vor auf den
<u>*Breitenberg,*</u>

Hebauf

Hier wird der Bau eines Hauses in der Ständerbohlenweise in
Pfronten geschildert und der Hebauf. In einer anderen Mappe
in der Pfälzer Landesbibliothek in Speyer liegt ein „Zimmer-
mannspruch". Es wird ein Hebauf geschildert und es ist
anzunehmen, dass er ebenfalls in diesen Erzählband, u
ngefähr an dieser Stelle, sollte eingebaut werden.

… Indem nun mit dem Besuche sehr wohl zufrieden, die Familie
nach Hause zurückkehrte, ward sie auf der Straße noch durch eine
willkommene Gelegenheit aufgehalten durch ein zufälliges Volksfest.
Es sollte an einem neu ~~errichteten~~ erbauten Hause der letzte Baum,
der „Halbbaum" aufgerichtet werden. ~~Eine Menge Volkes, Jung und~~
~~Alt in ihrer Werktags=Tracht wie sie gegangen und gestanden,~~
~~umgab das Haus; Meister und Gesellen waren besser heraus geputzt,~~
~~mit ihren Schurzfellenangethan; der Bauherr, im Feyertagskleide, so~~
~~wie die Nachbaren, an der Spitze der Altgeselle, nebst seinen~~
~~Gehülfen, stand auf der Zinn des~~

… Schickt man sich an, ein Haus zu erbauen und auszurichten, so
wird auf ganz einfache Weise verfahren und nach partriarchaischer
Art beygeholfen. Da, wie schon bemerkt worden, ~~die Häuser~~ in
diesen Gebirgsgegenden die Häuser oder doch ihre Gerippe meistens
ganz aus Holz bestehen, so wird das Gezimmer auf einem
abgesonderten Platze und zu gelegener Zeit von
denHandwerksgenossen gefördert und ausgeführt. Und nachdem

alles und jeder bereitet worden, versammeln sich, auf geschehene Einladung, die Nachbarsleute und jeden wer nur im Orte freye Hand hat, um das Bauholz herbey zu schaffen und an Ort und Stelle zu einem Hause zu ordnen und zu fügen. Bey einer so zahlreichen Beyhülfe kann denn das Werk gar wohl an einem Tage gefertigt werden, so daß das Ganze schon am Abend unter Dach gebracht, und selbst das Hauptsach, die Stube zu Noth und für die Nacht hergestellt worden. Das alles geschieht nun von den Leuten mit bereitwilligem und uneigennützigem Eifer, nur gegen ein ländliches Mittagmahl und einer Abend=Betze nach errichtetem Hebbaum…

… So hatte sich denn auch diesmals eine Menge Volks versammelt, Jung und Alt, in ihrer Werktags=Tracht, wie sie gegangen und gestanden; Meister und Gesellen waren besser herausgeputzt, mit ihren Schurzfellen angethan; der Bauherr in Feyertagskleide, so wie die nächsten Nachbaren, an der Spitze der Altgeselle, nebst seinen Gehilfen stand auf der Zinne …

… des Daches; der Baum, der den „First" machen sollte, wurde aufgezogen, das Tauenreis, mit Bändern und Flittern verziert, lag in Bereithschaft. Als nun der Baum gehoben war, und ehe er noch eingefügt worden, begann der Altgeselle von der Höhe herab seinen Spruch, der folgender Maßen lautete:…

"Zimmermanns-Spruch aus Pfronten"[13],
(vom Pfarrer)

Gelobt sey Jesus Christ, spricht ein jeder Christ! All die Güete und die Gaben[14], *die wir von Jesu Christo haben, kainen Zal und Namen habe; darum sprecht alle zusamen, was recht und billig ist: Gelobt sey Jesus Christ!*

Ich grüeße euch alle zusamen, ein jedes nach seinem Stand und Namen, und bitt euch alle, ihr möchtet hier ein wenig verweilen, und meine schwache Worte verzeihen. Habt nur Acht in gueter Rua, und hört mir in der Stille zue.

Nun mueß ich mich ein wenig erholen, um zu tuen, was mir mein Maister hat befohlen, und von dem wol auch noch rëden, warum ich bin herauf getreten.

Zuvor wende ich mich noch nach unsers Gottes Haus, wo ich gerade kan sehen aus, und wollen auch der Verstorbenen gedenken, und ein kurz Gebet schënken; wir wollen für sie betten ein Vater=unser in der Still; ja, ein Vater=unser ist nit zu vil (kniet nieder).

Ich schwinge mich aûff in Gottes Macht, die hat mich und euch hieher gebracht, und halte mich an Jesum Christ, der unser bester Helfer ist. Vom Maister und Gesellen hab ich die Erlaubniß mich hieher zu stéllen, disen First abzumessen und abzuzéllen. Maister, ains mueß ich auch noch fragen, wie vil der First Schue´ solt haben. Gebt mir das recht Maß, nicht zu kurz und zu lang, daß mir das rechte Maß nicht vergang. (Hier spricht der Meister).

Maister, das sind vile Schué und nur ein klaine Stuck dazue; doch will ich în abmessen, das rechte Maß nicht vergessen.- Herr, leite

---

[13] Epple, Alois: Ein Zimmermanns-Spruch aus Pfronten, in: Jb. Alt Füssen 2007, S. 133 - 140

[14] Die Redewendung von „Güte und Gaben, die wir empfangen haben" kommt z.B. bei der Messe während der Opferung (*Herr, nimm in Güte unsere Gaben*) oder als Tischgebet (*...und hilf, dass wir den Gaben wert, die Deine Güte uns beschert*) oder im Kirchenlied (*Nimm an, o Herr, die Gaben*, aus dem Landshuter Gesangbuch von 1777) vor.

meinen Gang nach deinem Wort! Sey und bleib mein Beschützer hier und dort! Überall nur von dir allein, kan ich recht gewarnet seyn. (Dann wird gemessen).

Maister, was ist uns geschehen? oder hab ich das Maß übersehen, denn wenn ich noch ainen Schue´ noch weiter gemeßen, so wär ich auff den Boden hinab gesessen; denn der First ist zu kurz um zway Schue´; jetz´ gebt mirainen Rat dazue. Wollen den Schmid hollen zum Strecken, oder den Schneider von Jungholz zum anhin=flecken; oder wollen wir în sëlber strecken? (Spricht der Maister: sëlber ströcken!)

Nun, îr lieben Mitgesëllen, kommt herbey und helft mir den First ins rechte Maß stëllen, kommt, schlagt aûff în zue bis ich sag, es ist geneug: ains, zway, dreu: halt, gebet Rue! Ich glaub, es ist schon genueg; es ist schon gegangen aînen Schue´, und dér ainen langen. (Dann wird wieder gemeßen).

Jetzt hab ich ainen List erdacht, und den First ins rechte Maß gebracht; jetzt hat er hundert Schue´, und an jedem Ort ain Stück dazûe. So stêt das Haûs nun auffgebáut, wie îr es selbst mit Áugen bescháut, und ich stë fést aûff disem hoch und frey, zum Zaichen, dass es aûffgrichtít sey.

Nun will ich euch noch was weiter sagen; îr müeßt euch aber nicht beklagen. So habt nur acht und schweiget stïll, und hört was ich euch sagen will.

Es ist durch Gottes Gnaden, seht, dass dieses Haûs ietzt aûffrecht stéht. Darum werd seiner Güete und seiner Macht am allerersten Dank gëbracht. Guter Gott, du bringst allgemach, dis Haûs wider unter Dach; denn all die Ding, Holz, Eisen und Stain, die uns zum Báuen nötig seyn, dis alles schafft uns Got herbey, von îm ist Maßstab und Senkelbley, alle zway in unserer Hand; von îm sind Witz und Verstand; er hat vor Unglück und Verfall mich und meine Kameraten all beym ganzen Báu beschützt mit Fleiß; darum so sag ich dir hier Dank und Preis!

Báuherr, ich frag euch aás frischem Muet, wie euch der Báu gefallen tuet: ob er áuch nach dem Winkelmáaß und Bley aûff diesem Grund gebáuet sey? Wird der Báuherr kainen Mangel daran spüren, so wird er dem Maister und Geséllen ain guetes Trinkgeld spendieren. Báuherr, wie gefällt euch diser Báu? (Bauherr spricht)

Gefallt er euch guet, so ist es recht; wo aber nicht, so wäre es schlecht; denn Maister und Geséllen haben keinen Fleiß an îm gespart, sondern alles mit Grad, Schifft, Raffen wol verwârt.

Und ich will es auch probieren, daß Unser Herr tuet den Namen unsers Báumaisters füeren: Die Altvätter voriger Zeiten, sie waren áuch geschickte Leute. Noe báute aûff Gottes Befelh, ainen großen Schiffskasten one Fel dreyhundert Éllen war er lang und dreyßig hoch, und fünfzig war die Brait noch. Seine Nachkommen báuten den Babylonischen[Bablobonischen (Original)] Turen; Moses báute die Stiffts [Schifs=Hütten (Original)]=Hütten, Salomon báute den Tempel zu Jerusalem, der prächtig und angenêm war; Abraham, Isak und Jakob die Patriarchen Israliten báuten sich zur Wonung selber Hütten; und sonst gab es noch vile die hatten Wîssenschaft zu allerhand Gebäu; denn da mueß seyn Verstand dabey, einen Báu wol aûfzurichten, den Grund zu légen allen Stücken, die Gemächer geschicklich einzurichten, das Holz zu beháuen, und Beihel und alles ordentlich in einander zu füegen; das mueß schon in dei[ne]m Kopf ligen.

Und Jesus Christus vergleicht schon voraûs seine Gemaine mit ai m Haûs; das unbehâute Holz dabey sind die Menschen, die wir so verwildert durch die Sünd; der Zimmerman ist der hailige Gaist, er beháut die Welt und das Flaisch, der Sünde wegen, und macht aûs wilden, zame Bäume; der Werkzeug ist Gottes Wort, das wie ain Hamer und zweyschneidiges Schwert die Hälfte zerschlagt, und Gaist und Sêl durchbôrt; die Fáll= und Brait=Axt sind die Droungen Gottes, welcher Báum nicht guete Frücht bringt, wird aûsgeháuen und ins Feur geworffen; die Spän sind die Werke des Flaisches aûf Erden, welche durch den besagten Werkzeug müeßen abgeháuen

werden; die Sägen sind die Straffen Gottes über die Erden, als[o]:
Krieg, Hunger, Teùrungen, Pestilenz, dadurch die Menschen
zermarbet werden; das Winkelmaß und die Schnur sind die Gesetze
und das Evangelium; die Lêrer sind die Báuleute, welche am Háùse
Gottes arbaiten; der Báuherr ist Jesus Christus, dessen Pflegvatter
auch ain Zimmerman gewesen (deßwegen nannten în die Juden
schon den Zimmerman Josephs Sôn), der aúch sein Bluet und Leben
am Stamm des Kreuzes hat dahin gegeben; die Balken sind die
Gläubigen, die hangen an einander durch das Fridens Band, und
raichen ainander aus Liebe die Hand; der Keller ist die Liebe Gottes
so daraûs kommt allerlay Vorrât zum Genuß für das Haûs, die
Speiskammer ist Gottes Wirtschaft, wo schon aûf Erden die Sêlen
gespeiset und getränket werden, die Kuchen ist das Herz, durch
deßen Tribfeder alles befördert wird; die Kammer bedeutet gerad des
Merschen Todesschlâf; die Stuben bedeutet die Gnade Gottes, die
wir schon hier aûff Erden, und ainst in dem Himel mit himlischer
Speis und Trank ersättigt werden; die obere Wonung ist der Schierm
des Allerhöchsten, der all unsere Zueflucht ist und Décken; und
Jesus Christus ist die Tür, durch welche wir, wenn wir wollen, in
den Himel eingêen sollen; die Stieg ist die Laiter, auf welcher wir
täglich durch Gebet und Glaûben, bey Gott stêen; für den Eckstain
ist Jesus Christus, welchen die Báuleut verworfen haben, der aber
zum Grund- und Eckstain geworden ist; die vier Eckschwellen sind
die Aigenschaften Gottes: Allmacht, Barmherzigkait, Wárhait und
Gerechtigkait, und wer aûff dise tráut, der hat aûff fésten Grund
gebáut. Ja, aûff Got vertráuen wollen wir, und în lieben für und für,
în bitten, daß er aúch seinen Segen aûff des neue Haûs woll legen.
Weil îr nun so in gueter Rue, aûffmerksam und still höret zue, so
will ich euch noch ain kurz par Lêren zur Dankbarkait und zum
Schluß verêren. Seht alle, wie iezt dis Haûs weit schöner als das alte
siht aûs, so machts mit uns, der liebe Got, er füeret zum Bésten
durch die Nôt; so lang die Sünd im Herzen wont, áuch nichts Guetes
daraus kommt, soll Got kommen in dein Sêlenhâs, so räume zuvor

33

alles Alte naûs, der alten und verderbten Sinn, dass Got selbst kan wonen darin, und sorg, dass du ja disen Gast, den du aûs Lieb empfangen hast, aûs deinem Herzen nie vertreibst, und îm getreu in Liebe bleibst.

Nun hab ich recht viel gerédt, daß es mich fast dürsten tät. Darum raichet mir zum Trinken her, auch das soll seyn zue Gottes Êr. Ich will mich ietzt umwenden nach meinem Kameraten, der bey mir stêt mit einer Kann[t]en, ich will mich nach îm lenken, und er mueß mir einschenken und dem Báuherrn Gesundheit trinken; ich wollt´s dem Bauherrn gern bringen, aber es ist zu hoch zum hinunter springen (Nun folgen die Gesundheiten auf König und Königin, den Landrichter, und den Pfarrer).

Wir übergeben dem Báuherrn dise unsre Arbait von unsern Händen mit disen Ermanungen; daß er es erstens mache, zu ainem Bêthaûs, wo alle die Seinige in der Furcht Gottes gèen ein und aûs, daß er es zwaitens mache zu einem Spital der Armen, seinen îm von Got verlihenen Segen mitzutailen; dass er es drittens mache zu ainer Schatzkammer, wo die Seinigen alle ainen Spar- und När-Pfennig habe, und nach Got= gefälliger Weise sammle, dabey aber nicht vergeße, gaistliche Schätze zu sammeln, die kaine Diebe stêlen; und Rost und Motten freßen; und endlich viertens übergeben wir disen Baû dem éwigen Báumaister mit den herzlichsten Wünschen.

Orientierungslosigkeit und Leichenzug

Der Onkel geht ins Freie. Da begegnet ihm ein Leichenzug, an dem auch „die Tante" teilnimmt. Hier begegnet er auch Eduard.

... *Da von der Familie noch niemand im Hause sichtbar war, so suchte er* [der Onkel], *von Ungeduld gedrängt und noch erregt von gestern, das Freye, dem „Berg" zulenkend. Er war von jener üblen Laune gequält, die uns befällt, wenn wir ein ersehntes, schönes Ziel vor Augen, den Weg nicht finden können der uns in nächster Richtung dahin führen sollte. Wir sehen uns vergebens nach einem Wegweiser um, und jener dem wir uns anvertrauen könnten entschlüpft oder entzieht sich unseren Augen. Wir fühlen uns allein, verlassen; wir zürnen mit der Natur, wir schmollen mit den Menschen, alles in uns und um uns erscheint in fahler, matter Farbe, und nur jener Eine glänzende Zielpunkt schimmert durch die Dämmerung in unser Gemüthe, und daß wir ihn nicht so bald erreichen können, das ist unsere Verzweiflung.*
Der Zufall wollte, dass ihm, als er den Berg hinan stieg, ein Leichenzug begegnete, der unter dem Geläute der Glocken und dem lauten Gebethe der Gemeinde, sich nach dem nahen Gottesacker bewegte. Er bemerkte unter dem Trauergeleite die Tante. Es war die Verstorbene eine ihrer Pfleglinge, und so unterließ sie in solchen Fällen nie, dem einen Werke der Barmherzigkeit „die Kranken zu besuchen" aufdas andere „die Todten zu begraben" beyzufügen - ~~weniger~~, *als Seyn und Nichtseyn, als Gott und Unsterblichkeit. Wir erklärten, wir behaupteten, wir bezweifelten, und stritten oft stundenlange, ohne daß wir je zu einem sichern und Beyde wenigstens überzeugende und beruhigenden Resultate kamen. Wir hatten uns vielleicht noch lange Zeit in diesem Irrgarten von Gründen und Gegengründen herum getummelt und ermüdet, wenn nicht jene traurige Katastrophe mit unserm innigst geliebten*

35

Freunde, wie ein Strafe vom Himmel uns darnieder geworfen, und indem er unsere Verstand betäubt und geblendet, unser Gemüth so recht erhellt hätte."

„Ich erinnere mich ja freylich noch des Vorfalls sehr lebhaft, erwiederte Eduard, und dass wir noch auf dem Gange nach dem Gottesacker hin unser Zweifel mittheilten, unsere Ungewißheiten beklagten, dass wir aber wie plötzlich bekehrt, vom Grabe heim kehrten voll der freudigen Zuversicht, des Wiedersehens, und dass seit jenem Tage kein Wort mehr unter uns Verlautete über eine Frage, dessen Antwort in unseren Herzen unter heiliges Insigel gelegt war bis auf den Tag ihr Enthüllung.

„An jene feyerliche Momente, an jenem entscheidende Gang war ich gemahnt, fuhr der Onkel fort, als ich hier, unter dem freyen Morgenhimmel, die Leute nahen sah unter dem Gebethe der Gläubigen und ich versuchte es, die Gefühle, die Gedanken in Kürze zu Papier zu bringen, die uns damals bewegen mochten. Gefällt es dir, so will ich sie dir unter veränderten Namen mittheilen, zur Erinnerung an jenen Tag, von dem an wir uns erst recht verstanden und geliebt haben. Auf den beyfälligen Wink Eduards entfaltete er die Blätter und las:

jederzeit zu großer Erbauung der Gemeinde. Nach dem Onkel sah er sich vergebens um, obwohl er vernommen, dass er bey gottesdienstlichen Handlungen der Art, seine Schwester gern zu begleiten pflege. In der trüben Stimmung in welcher er sich befand, lenkte er dem „Hörnlein" zu, um von da aus auf den Gottesacker der unmittelbar darunter in der Niederung liegt, dem Begräbniß zuzusehen. Der innere Mißmuth der das Herz der Menschen oft wie ein Mehlthau mitten im Sonnenschein der Tage befällt, kann manchmal leichter und sicherer geheilt werden, als durch den Anblick die Betrachtung eines größeren Übels zumalen eines unausweichlichen, wie es der Tod und das Grab ist. Da schweigt alsbald alle Leidenschaft, da verschwindet alle üble Laune, da rafft man gern noch alle Kraft zusammen um zu leben, zu hoffen, zu wirken, so lange es noch Tag ist. *Kommt dazu auch der Anstand, dass zu///* der Sonnenblick des religiös Gefühls sich wieder durch die Wolken des umdüsterten Gemüthes durcharbeitet, dann zerstreuet sich vollends das Nebelgebilde und es kehrt die vorige Heiterkeit zurück, und diese Gnade entsteht in einem Herzen, das sich selbst zu befragen trachtet. Indem er, noch in düstern Gedanken vertieft, das Hörnlein hinanstieg, erblickte er den Freund der, wie es schien, dem unten liegenden Gottesacker gewendet, emsig auf seine Tafel zeichnete oder schrieb. Er wandte seine Schritte zur Stelle, und nahte sich ihm, unbemerkt, damit er ihn in seiner Beschäftigung nicht störe; in welche er ganz vertieft war. - Inzwischen war unten im Gottesacker der Todte in die Grube gesenkt; der Geistliche sprach seine Gebeth bey tiefer Stille der Gemeinde, welche nur einzelnes Schluchzen unterbrach, dann erhob er seine Stimmen, und hielt an die Umstehenden eine Anrede, ~~vonwelcher jedes~~ Wort deren Inhalt der, allerdings unerschöpfliche und immerhin ergreifende von Leben und Tod von Zeit und Ewigkeit war. ~~Die Worte schlugen noch /// an das Ohr Eduards. Eduard hatte mit Andacht zugehört — die Worte waren ihm ob - /// noch vernehmlich zu ihm.~~ Eduard - denn die Worte waren noch vernehmlich zu ihm hinaufgedrungen — hatte mit erbaulicher Andacht zugehört und sonderbar genug! die Worte hatten ihm Trost, Vertrauen und Sicherheit zugeweht, reine, wahrhaftige Liebe ist immer zugleich eine religiöse, wie könnte sie ohne Glauben und Hoffnung bestehen? Weit entfernt, dass der Gedanke an sichtbare Verwesung und Vergänglichkeit sie erschüttern könnte, lebt sie vielmehr in dem sichern Vorgefühl eines ewigen Fortbestandes dessen Wandel sich nur nach dem Besser nach dem Vollendender kehrt. ~~Der Onkel hatte in dessen, in Nachsinnen verliren, seine Gedanken aufgezeichnet, und indem er nun die Blätter zusammenlegte und um sich blickte, ersah er Eduard, der neben ihm stand. „Du kommst ja, wie gerufen! — sagte er zu ihm. So eben habe ich mich mit dir beschäftigt. Du erinnerst dich doch wohl~~

~~unserer lebhaften Gespräche, die wir in abendlichern Stunden oft~~
~~miteinander gehabt, als wir noc auf der hohen Schule wren? Sie~~
~~betrafen nichts~~

Gebirgshäuser

Beschreibung der Bauweise der Häuser in und um Pfronten.

… Verbindung zwischen den verschiedenen Theilen der großen Pfarrey hergestellt, so daß man nach allen Richtungen hin zumahl durch die Fluren und Gärten, auf erquickliche Weise lustwandeln kann. Die Wohnungen ~~Die noch übrigen Nachmittagsstunden verbrachte die Familie mit Kreuz= und Quer=Zügen durch die verschiedenen Ortschaften. Überall sah man reinliche Häuser und fröhliche Menschen. Die Wohnungen~~, *obwohl meiste nur von Holz erbaut, gewinnen dadurch einen freundlichen Anstrich und dauernden Gehalt, dass die äußeren und wohl auch die inneren Wände mit Latten überzogen und mit Mörtel bekleidet werden. Noch mehr wollten aber unsere Freunde die übrigen, aus nacktem Holz erbauten, gefallen die nach der im Gebirge üblichen Bauart mit einer Altane, einer sogenannten „Dörre", wie mit einem Gürtel umgeben sind, und welche, nebst einem mahlerischen Ansehen von Außen auch im Innern eine bequeme und geräumige Einrichtung gewähren, und, obgleich Luft und Licht etwas abhaltend, desto heimlicher und wohnlicher in dieser winterlichen Gegend sich ausnehmen.*
Als sie nun in ein und das andern Haus traten, empfing man die Kameraden überall mit einem traulichen Gruße unter freundschaftlicher Handreichung, man both sogleich Sitze an, man legte Brot vor und Obst.

Füssen

Besuch des Mangfestes, des Schlosses und der Franziskaner

Am Magnustag besucht die Familie – Eduard ist nicht anwesend -, gegen männlichen Widerstand, Füssen: Die Kirche St. Mang, den „Totentanz", das Schloss und das Franziskanerkloster. Im Klostergarten verbringt die Familie den Nachmittag. Es wird kurz die Lage des Klosters und das Klosterleben geschildert. Die Tante preist die Vorzüge eines ruhigen Klosterlebens. Der Onkel relativiert die Ansicht der Tante.

Da man hatte beschlossen die Ausflüge nach dem romantischen <u>*Hohenschwangau*</u> *und der großartigen Gegend von* <u>*Reuti*</u> *bis auf die Ankunft Eduards zu verschieben* ~~*nach dessen*~~ *Nachdem sich nun* ~~*der Fall ereignet und zugleich eine Aussicht*~~ *eröffnete und zu einem betändigen schönen Wetter* ~~*sich*~~ *der Anschein sich gezeigt, so wollte man die Fahrt dahin* [nach Füssen] *um so weniger verzögern, da zugleich der Festtag des Hl.* <u>*Magnus*</u> [6. September] ~~*des Apostels dieser Gegend*~~ *ward. Die Männer hatten zwar gegen diese Wallfahrt, zumal an diesem Tage, Vieles und Erhebliches einzuwenden* ~~*in doch vor dem ungewöhnlichen Zuwenden*~~ *voraussichtlich, bey dem ungewöhnlichen Zudrange der Andächtigen, noch mehr der commercirenden Menge* ~~*so wol*~~ *beydes die Erbauung* ~~*als*~~ *und* ~~*auf*~~ *die Erholung in gleichem Maße* ~~*gest*~~ *gehindert und gestört würde. Allein die Frauen bestanden einmal darauf, daß man dem Heiligen an dessen* ~~*Geburts*~~ *Todestage*[15] ~~*Die Kirche feyert bekanntlich den Todestag eines Heiligen als dessen Geburtstag zum ewigen Leben.*~~*und zwar an dem Orte, wo er so segensreich gewirkt* ~~*das Hommag*~~ *seine Verehrung persönlich darbringe. –*

---

[15] Der Gedenktag eines Heiligen ist oft sein Sterbetag, sein Geburtstag im Himmel.

Den folgenden Tag wollte man sodann in <u>Hohenschwangau</u> *und den dritten in* <u>Reuti</u> ~~zubringen~~ *verleben. Eduard*[16] *und der Onkel wurden bald umgestimmt. Der Vater erinnerte dabey nur, daß die Frauen, welche doch ihr Strick= und Nähzeug nicht mitnehmen könnten, und auch zu Ausflügen in die nächsten Umgegenden aus Bequemlichkeit kaum zu bewegen seyn möchten, von* ~~ihren~~ *den Männern, etwa durch Lectüre unterhalten und über* ~~die soviele~~ *die Langeweile so mancher Stunden hinweg gehoben werden müßen Die Freunde* ~~Eduard und der Onkel~~ *erklärten sich für bereit hinzu, Wenn anders die Damen an ihren Erzählungen Gefallen haben sollten.* ~~Und der Vater sagte fügte bey, er wollte hoffen, daß ihm der Geist zu seiner Zeit eingebenmöge, was er vorzubringen habe.~~

Des andern Morgens brach man früh genug auf, um noch zu rechter Zeit nach St. <u>Mang</u> *[Füssener kath. Stadtpfarrkirche, ehem. Klosterkirche der Benediktiner] zum Gottesdienste zu kommen; der denn mit aller dem Feste geziemenden Pracht gefeyert wurde. Nach vollbrachter Andacht* ~~besuchte~~ *besah die Gesellschaft das ehemalige Klostergebäude, und besonders die Todtenkapelle [kath. Kapelle St. Anna], welche durch ihre lichte, große Räumlichkeit, durch die zahlreichen Monumente alter, edler Geschlechter, und durch eine in Gemälden dargestellten sogenannten Todtentanz die Aufmerksamkeit Aller, und eines Jeden nach dieser Weise nach sich zog.*

Nochdem man zuletzt noch in der Gruft des Heiligen[17] *eine Weile gebethet, zogen sich die Ältern in den Gasthof zurück; die Jüngern aber stiegen* ~~noch~~ *zur hohen Veste, der Burg, [Hohes Schloß] hinauf, wo sie besonders den großen, mit einem alterthümlichen Getäfel geschmückten Saal nebst der entzückenden Aussicht* ~~auf~~

---

[16] Am Anfang steht, dass man die Ankunft Eduards abwarten wollte, hier steht nun, dass Eduard schon anwesend ist. Hier handelt es sich also um alternative Anfänge des gleichen Kapitels

[17] Hier dürfte die Magnuskrypta oder die ehem Westkrypta in St. Mang gemeint sein.

~~nach~~ in die Niederungen des mahlerischen Allgäus zu bewundern Gelegenheit hatten.

Während der Mahlzeit ward noch in Berathung gezogen, auf welche Weise der Nachmittag zugebracht werden sollte, fern von dem Getümmel des Marktes, dessen Lärm und Unruhe selbst den Aufenthalt im Gasthofe unangehehm machte. Zuletzt folgte man dem Rathschlage des Onkels, der, mit den ~~Geg~~ Gelegenheiten des Ortes schon bekannt, den Vorschlag machte, die ersten Stunden in der lieblichen Einsiedeley des Gartens der PP. Franziskaner zuzubringen, wobey er, wenn es anders belieben sollte, der Gesellschaft seine Erzählung vortragen wolle; in den späteren Stunden aber könnte man sich in der freyen Natur längs den Ufern des Lechs ~~sich zu~~ ergehen. ~~Der Onkel~~ Er erboth sich zugleich, das Quartier zu machen. Die Kinder, nebst Eduard, schloßen sich ihm an, um, auf einem Umwege, noch den Markt zu besehen, weniger um der ausgelegten Waren willen, als wegen der Menschenmenge, die in bunten, verschiedenen Trachten auf und nieder und durcheinander wogte. Als die Ältern nach einiger Zeit auf nächstem Wege zu dem [Franziskaner-]Kloster und in dessen anstoßenden geräumigen Garten gekommen waren, war bereits schon alles zu ihrem Empfange in Bereitschaft gesetzt; man lagerte sich in einer schattigen Laube um einen großen Tisch, den der gefällige Pater mit frischem, selbstgezogenem Obste auf reinlichen Holzplatten betätigt hatte. Nach einigen gewechselten Reden fand man sich bald heimisch; ~~und vertraut~~ und selbst Fritz und Minchen, die anfangs vor dem seltsam gekleideten Manne etwas scheu hatten, näherten sich vertaulich dem freundlichen Pater ~~Manne, der sie zumal durch wohlzvolle~~

Das Kloster, welches übrigens dermalen noch nur ~~mit~~ von ein Paar Mönchen bewohnt wird, ~~ist~~ liegt am östlichen Ende der Stadt, fern von den Menschen und ihren lärmenden Beschäftigungen. ~~Von einer Mauer umgeben~~ Man sieht nichts von der Welt, als das düstere

Grün der Berge, und hört nichts, als das ahnungsvolle Rauschen des Flußes, der am Fuße der Mauern tief unten vorbey strömt. Von Allem was die Erde Angenehmes gibt besitzen die Mönche nichts, als einen kleinen Fleck, den ~~spendet nur der~~ fleißig bebauten Garten, der ihnen ~~Obst und~~ Gemüse und Obst ~~spendet, nahrhaft und wohlschmeckend~~, nebst Blumen, spendet. Im Übrigen leben sie von den freywilligen ~~Spenden~~ Wohltaten frommer Gläubigen, denen sie als Priester, Beichtväter und Prediger geistliche Gaben entgegen bringen.

Die ungewohnte Stille des Ortes, nach dem Lärm der Stadt und des Marktes, ~~stimmte~~ erregte in Allen ~~zu~~ eine ungemeine, behagliche Stimme. „Wie lieblich, wie wohlthuend und erfrischend ist diese Einsamkeit! – rief die Tante aus –. Man möchte sich wahrlich gern entschließen, seine Stätte hier auf immerdar aufzuschlagen, und, fern von dem betäubenden Getümmel der Welt, nur ~~sich und~~ Gott zu leben! Wohl kann ich mir hier die Gemüthsrichtung ~~der Tau~~ derer erklären, die zu Tausenden und aber Tausenden die Welt verließen und auf ihre Annehmlichkeiten verzichteten, um sich für immer in eine solche Einsamkeit zu vergraben, wo der größte Schatz zu finden, der ungetrübteste ~~See~~ Seelenfrieden! Was gibt denn auch die Welt Angenehmeres, was sie nicht wieder doppelt nimmt? ~~Was~~ und wie sehr verkümmert sie dagegen den ruhigen Besitz seiner selbst und den Himmel, den unser Inneres aufschließt! Verbaut sie nicht sogar durch die Mühen und Sorgen des Alltagslebens, wie durch einen trägen Nebel, die Sonne selbst, an der sich unser Geist allein erwärmen kann? Entschwindet uns nicht sogar ~~bey~~ Gott ~~selbst~~, den wir, den Ewig=Nahen, durch die mannigfaltigen Irren und Wirren nur mit ~~Angst, Furcht Festhalt~~ Angst suchen, mit Furcht festhalten, und immer und immer wieder verlieren?! Wie anders hier! Mit festem Blick auf Ihn schauend, zu jeder Stunde sich mit Ihm unterhaltend in Gebeth und Betrachtung, wandeln ~~vor~~ sie vor Ihm alle Tage ihres Lebens, wie vor ihrem Vater und Freunde, in

Vertrauen, in ungestörter Stille und Ruhe, und in der beseligenden Sicherheit eines gottgefälligen Wandels. Wahrlich, das Los derer ist zu beneiden, denen ihr Verhältniß zur Welt und zu den Menschen erlaubt, eine solche heilige Freystätte zu wählen, und schon in diesem Leben das ewige zu beginnen und zu verkosten!"

Der leidenschaftliche Erguß der Tante mißstimmte in etwas die ~~Äl~~ *Gesellschaft; doch hatte man* ~~Rechnung~~ *Billigkeit genug, ihr Gefühl zu schonen und ihre Ansicht in ihrem Rechte zu lassen. Selbst der Onkel, der ihr sonst gern und grell widersprochen, ging in ihre Meinung ein mit bescheidener Erwiederung. „Klösterliche Vereine, - sagte er – oder wie man sie sonst nennen will, sie verdanken ihre Entstehung und Erhaltung nicht etwa nur den zufälligen Bedürfnissen irgend einer Zeit, eines Landes oder auch* ~~ein~~ *irgend eines religiösen Bekenntnisses, sondern sie gründen sich* ~~auf dem~~ *in der Natur aus menschlichen Gemüthes selbst.* ~~So lange und wo es auch Menschen gegeben, die zum tiefern Bewußtseyn des Lebens gekommen, sie haben sich jederzeit und überall in zwey Classen geschieden, von denen die Einen, zu und zwar der Mehrtheil, zum Thätigen Leben getrieben wurden, um der Genüsse, die es darbiethet, theilshaftig zu werden, ohne dessen Beschwerden zu scheuen, trotz den Beschwerden, denen sie sich deßhalb unterziehen mußten und zu den Genüssen, die es und Beschwerden, die es gbewährt und fordert, die andern dagegen zum und darum auch die andern aber darum zum beschaulichen, einsamen Leben hinneigten, um sich der Gefahren, den Beschwerden~~*

~~*… für die Auffassung einer Klostergeschichte noch nirgens gestimmt sey, ließ er sich herbey, sein Pensum vorzutragen. Er las*~~

~~*Die Äbte*~~

~~*(Charitas v. J.)*~~

Die Äbte, Charitas, Festgabe für Eduard Schenk, 1836, s. 45 ff

(Standort: Bay Staatsbibliothek)

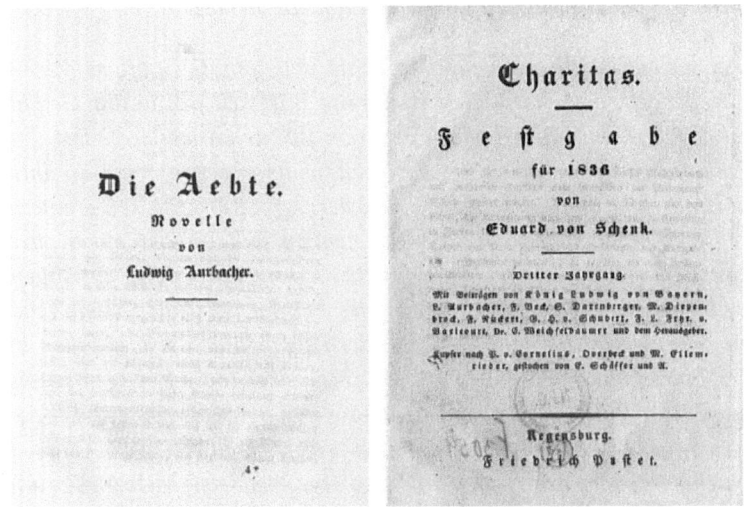

Hinweis: Veröffentlicht in Sarreiter, Joseph: Gesammelte Erzählungen von Ludwig Aurbacher, Freiburg 1881

Nachdem der Onkel seine ~~Erzählung~~ Vorlesung beendet, ~~welcher man Alle mit Theilnahme zugehört safte~~ nahm Eduard das Wort *und sagte: „Während meines Aufenthaltes in Schwatz, wo ich die Gruben dieses ehedem berühmten Bergwerkes begieng, kam ich öfter nach Viecht [Fiecht], wo mich die anwesenden Väter ja derzeit freundlich ~~bewi~~ aufnahmen und bewirtheten. Auch erinnere ich mich wohl, daß von jenem Abte, der noch im Andenken steht, mitunter die Rede gewesen sey, und es ward mir sogar das Porträt desselben ~~nach~~ in der Reihe der übrigen Äbte gezeigt. Aber die Geschichte, die sie mir von ihm ~~erzählten~~ mittheilten, lautete ganz anders, als deine Erzählung. Jener Version zufolge, hat sich jener Abt dessen von dessen kriegerischen Großthaten übrigens keine Meldung geschehen – das von ihm erbaute Kloster insgeheim, nicht ohne Spolien, verlassen, aus Motiven, welche seinem Charakter nicht zur Ehre gereichen können."*

„Frevler, der du bist! – rief hier der Onkel aus – du wagst es, eine wahrhaftige Geschichte, die ich auf das Zeugnis eines berühmten Reichs Historiographen an= und aufgenommen, als eine habe blose Erdichtung, eine leere Fabel, als ein Falsum zu verdächtigen? Bedenkst du auch, was du sagst? Es ist eine Injurin, die Rache fordert."

„Sey es denn mit der Geschichte, wie es will – unterbrach der Vater - ; die Poesie ist so innerlich begründet, so folgenrecht ihren Motiven und Handlungen, zugleich, daß sie uns nicht nur als wahrscheinlich, sondern auch als wahr erscheint erscheinen muß. Und als solche wollen wir sie denn auch recht genießen ohne Heikler bekritteln. Eine <u>Dichtung wenn </u>sie so recht mit Liebe und Gläubigkeit vom Verfasser entworfen, durchgeführt worden, sie muß auch in dem unbefangenen Leser Liebe und Freudigkeit Gläubigkeit erwecken – und freudigen Dank!" setzte er hinzu, indem er dem Onkel die Hand reichte, der welcher denn auch Eduard die seinige gern zugesellte.

Hinweis: Man kann sich vorstellen, dass Aurbacher vorsah, in diesem „Füssen"-Kapitel auch die „Magnus-Sage" und die Legend „St. Mang" von jemandem der Familie erzählen zu lassen. Jedenfalls schrieb Aurbacher eine solche Legende und Sage.[18]

---

[18] DieMagnuslegende wurde später veröffentlicht in Sarreiter, Joseph: Gesammelte Erzählungen von Ludwig Aurbacher, Freiburg 1881. Die Magnussage wurde erstmals am 27. Mai 1843 im „Augsburger Unterhaltungsblatt publiziert. Vgl. Epple, Alois: Die Magnuslegende und

Spaziergang von Füssen nach Pfronten

Die Familie geht am späten Nachmittag von Füssen, über den Allatsee, durch das Vilstal nach Pfronten zurück. Beeindruck sind sie von der Einsiedlerstimmung am Allatsee.

Da der tiefere Stand der Mittagssonne zu einem Spaziergange einlud, so brach die Gesellschaft auf, nachdem sie noch dem freundlichen Wirthe ihre Erkenntlichkeit bezeugt hatte. Auf den Vorschlag des Onkels wählte man statt des Straßenweges am linken Ufer des Leches den Weg über Faulenbach und Vils, der durch eine gar mannigfaltige lieblich einsame Waldgegend führt. Doch unterließ man nicht, von dieser Seite die sogenannte „Lußhalden" zu besuchen, jenen höchst interessanten Punkt, wo der gewaltige Bergstrom vor undenklichen Zeiten sich durch einen Felsenstock Bahn gebrochen, und nun in schauerlicher Tiefe eingeengt sich gewaltsam durchdrängt. Von dieser Seite, meinte der Onkel, gewähre auch der Wasserfall eine breitere Ansicht, als auf der andern ~~Seite wo aus man~~ *die man ohnehin schon auf der Herfahrt während der Raststunde besucht habe. – So ist es denn auch geschehen, und man hat den Ausspruch des Onkels mit Vergnügen richtig befunden. Auch der Blick in die furchtbare Schlucht findet hier freyern Spielraum; und wenn nicht die dringende Ängstlichkeit der Tante, welche für die neugierigen Knaben zitterte, zum baldigen Aufbruche bewogen hätte,* ~~man wäre wohl~~ *die Gesellschaft hätte sich wohl hier auf der saftiggrünen Matte, gegenüber dem sonnigen Waldgebirge gelagert* ~~und ent~~ *bey dem Gesaus und Gebraus des Stromes die Abendstunden freundschaftlich verplaudert.*

magnussage von Ludwig Aurbacher, in: Alt Füssen, Jb. des Hist. Vereins „Alt Füssen", 2005, S. 62 – 65. Aurbachers Sankt-Mang-Sage ist auch veröffentlicht in „Schwäbische Odyssee von Ludwig Aurbacher, Memmingen 1965, S. 67

Der aufmerksame Karl konnte nicht umhin, bey Erinnerung an den
„St. Mangen Tritt," der auf dem jenseitigen Felsblock zu sehen ist,
~~die~~ *dem Vater insgeheim die Bemerkung zu machen: daß* ~~ja der~~
~~Fußstaphen nicht in der Richtung~~ *ihm ein Menschen=Schritt über*
die doch ziemlich breite Schlucht, wie die Sage dem Hl. Mang
zuschreibe, ~~doch~~ *ganz unwahrscheinlich vorkomme, und daß sogar*
auch die Richtung des Fußstapfens, die quer laufe, jener Annahme
zu widerstreiten scheine. Der Vater antwortete: „Überlassen wir die
Entscheidung dieser Frage den Gelehrten! Vielleicht daß in jenen
uralten Zeiten der Fels noch nicht so sehr geklüftet und geweitet,
vielleicht gar noch, wie jene sogenannten „Öfen" noch mit
Felsstücken überbaut war, die erst später in die Tiefe gesunken –
uns, wie dem Volke, möge diese Spur eines Menschentrittes oder
auch eines Naturspiels immerhin ein altehrwürdiges Denk= und
Erinnerungszeichen gelten, und wir wollen es denn auch als solches
gelten lassen."

Der Weg führte unsere Wanderer immer mehr in das gesonderte und
geschlossene Waldthal zwischen zwey Anhöhen entlang, welche die
mannigfaltigsten Parthieen von Fels= und Baumgruppen darbothen.
~~Das jü~~ *Da das jüngere Volk Lust bezeigte, das Thal bis an den*
Aletssee zu verfolgen, so traute man sich mit der Einwilligung der
Ältern, welche, langsamern Schrittes, sich blos in der schattigen
Kühle ergehen, und zu guter Zeit wieder zurück kehren wollten. Jene
nun, unter der Leitung des Onkels, drangen immer weiter vor durch
das allmählich sich mehr verengende Thal, ~~und~~ *bis an den See. So*
klein und unbedeutend an sich, hat er doch einen eigenthümlichen,
wir möchten sagen, sanft=melancholischen Charakter; ganz von
einem düstern Tannenwald umgeben, der ~~sich~~ *die nahen Hügel rings*
bedeckt, nur an eine Wiese sich anlehnend, wo soeben einige Kühe
um die einsame Alphütte weideten, ohne alle Aussicht ins Freye,
selbst, wie es anfangs schien, ohne Ausweg gegen Süden, würde der
Platz sich so ganz zu einer Einsiedeley eigenen, darin ein Timon

oder sonst ein weltverachtender Mann seine Tage ungestört verleben könnte. Indessen bemerkten sie doch Menschen, welche ~~da am Gestade~~ durch das Baumgestrüppe am Gestade sich durchschleifend, von jenseits kamen; man verfolgte den Weg noch eine Weile, und siehe da! Plötzlich that sich eine weite, sonnenerhellte Gegend auf; ~~sie wa~~ das heitere Städtchen <u>Vils</u> lag vor ihren Augen, und die ganze prächtige Bergkette, die sich westlich gegen <u>Pfronten</u>, südlich gegen <u>Reuti</u> hinzieht.

Im Folgenden handelt es sich anscheinend um eine andere Variante dieses Büchleins, hier machte die Familie Sommerfrische in Faulenbach.

Man traute sich schwer von dem herrlichen Punkte, der sie alle um so mehr überrascht hatte, als die weite, sonnige, großartige Gegend gegen das enge, düstere Waldthal abstach ~~das sie~~ durch das sie gekommen. Die sinkende Sonne mahnte jedoch zum Aufbruch, und so gelangten sie noch zu rechter Zeit in <u>Faulenbach</u> an, wo die Ältern ihrer harrten, die den schönen Abend noch im Freyen zubringen wollten ~~Da war nun~~

Da war nun wieder des Erzählens kein Ende, zumal von Seiten des lebhaften, redseligen Fritz. Karl bedauerte…

Auf dem Weg zum Hörnlein[19] - Zweykampf

Gespräch des Onkels mit Eduard

Der Onkel erzählt Eduard seine Gedanken über die Tante und seine Berufsvorstellungen in spe, nämlich Weltpriester zu werden. Anscheinend nimmt er hierbei Bezug zu den Ergüssen, welche die Tante im vorigen Kapitel, im Garten des Franziskaner in Füssen, über das Klosterleben geäußert hatte.

„Das ist wahrlich keine Schwärmerey – sagte Eduard zu dem Freunde [dem Onkel], *nachdem jene* [die anderen Familienmitglieder] *sich entfernt hatten -, das ist ein tiefes, besonnenes Gefühl, ein klares Bewußtseyn von ihrer* [Tante] *Bestimmung, von ihrem freygewählten Berufe, dem sie sich nun, nachdem ~~verf der getäuschten~~ ihre erste und letzte Hoffnung durch jene Katastrophe getäuscht worden, mit aller, ihr inwohnenden Liebe hingegeben hat!"*

… Die harten Worte, die ich manchmal über sie ausgesprochen – unterbrach der Onkel – mußt du auch nicht im Ernste nehmen. Es ist, ich gestehe dir aufrichtig, eine Art Eifersucht, die mich gegen sie, wie mehr ihre Hinneigung gegen andere und nach außen, in bittere Laune bringet. Ich möchte sie, da sie nun einmal jeder ehrlichen Verbindung für immer entsagt zu haben scheint, für mich selbst bewahren, daß sie wie auf meinem Lebensgange als Engel zur Seite stehe, während ich als Apostel des Wahren, Schönen und Guten auftreten und überall wirken möchte. Nimm das nicht als Scherz, mein lieber Freund; denn ihr Alle ahnt nicht, welchen ~~Plane ich~~

---

[19] Ob es sich hier um das „Hörnle" bei Bad Kohlgrub handelt, oder um einen mir unbekannten Berg bei Füssen, geht aus den Aufzeichnungen nicht hervor.

Beruf ich noch wählen werde, wenn einmahl meine Zeit gekommen ~~ist~~ *seyn wird. "*

Eduard lächelte, aber er verstand seine Andeutung wohl; denn es war ihm ~~schon anvertraut worden~~ *nicht unbekannt, daß der Freund große Neigung zum geistlichen Stand, zumal eines Weltpriesters, gefaßt habe, weßhalb er denn seit einiger Zeit fast ausschließlich dem Studium theologischer Schriften sich gewidmet.* ~~Habe~~

(Das folgende Kapitel ist die unmittelbare Fortsetzung auf dem gleichen Manuskriptblatt!!)

Spaziergang zum Hörnlein

Bei ungünstiger Witterung entschließt man sich, einen Ausflug zum „Hörnlein" zu machen. Dort wollte man, im Freien, Kaffeetrinken und evtl. den Pfarrer hierzu einladen.

Da die Witterung sich immer noch nicht so günstig anlassen wollte, um einen weitern Ausflug wagen zu können, so begnügte man sich mit einem Spaziergange zu dem „Hörnlein", da man, bey bedecktem Himmel, wenigstens das freundliche Thal ~~zu~~ *überschauen zu können sich Hoffnung machte. Man* ~~beschloß~~ *wollte den Kaffee dort im Freyen trinken, und wo möglich auch den würdigen Pfarrherrn zur Theilnahme an der Gesellschaft* ~~an einladen~~ *zu bewegen suchen.*

(Das folgende Kapitel ist die unmittelbare Fortsetzung auf dem gleichen Manuskriptblatt !)

Erzählung des Onkels

Der Onkel führt die Gesellschaft in seine Erzählung „Der Zweikampf" ein. Er diskutiert das Für und das Wider eires Zweikampfes. Da die Schwester des Onkels nichts vortragen will, so erklärt sich der Onkel bereit, für sie einzuspringen.

Indem man so in trauter Unterhaltung einige Zeit zugebracht, fragte der Onkel an, ob man etwa nicht irgend eine Erzählung ~~zum Besten geben dürfte~~ anzuhören belieben wolle, über deren Inhalt er zumahl die achtungswerthe Meinung des geistlichen Herrn zu vernehmen begierig wäre. Es sey jedoch nicht so wohl eine Erzählung, als vielmehr eine, in Form einer Erzählung eingekleidete Unterhaltung über eine Materie, die freylich in praktischer Hinsicht seinen Zuhörern ganz fern liege, aber doch immerhin in allgemeirer sittlicher Beziehung für jeden anziehend sey, zumal auch, da sie durch ein naheliegendes, sie alle innig berührendes Ereignis veranlaßt worden sey. Es betreffe nämlich den „Zweykampf" ~~dessen~~ und dessen Würdigung nach rein menschlichen und gesitiven Gesetzen, nach sittlichen und conventionellen Rücksichten, nach natürlichen und religiösen Motiven. Um jener traurigen, jedenfalls bedenklichen Lage seiner Schwester, welche durch den Zweykampf ihres Freundes und Bräutigams herbeygezogen worden, habe er Gelegenheit genug gehabt oder auch sich genommen, um mit ihr über diesen allerdings schwierigen Punkt zu verhandeln, und er schäme sich nicht, zu gestehen, daß er, ~~aller~~ als Advocatus Diaboli d.i. als die rechtfertigende oder doch entschuldigende Parthey all seines Scharfsinnes bedurft habe, um gegen das eine und tiefe sittlich=religiöse Gefühl seiner Gegnerin anzukämpfen. Das End=Resultat aller dieser Kämpfe in Ernst und Schimpf[20] war denn freylich, wie gewöhnlich bey dergleichen Disceptationen, wo der

---

[20] vgl. Johannes Pauli, Schimpf und Ernst, eine Erzählung, aus welcher Aurbacher immer wieder schöpft.

kalte Verstand mit Gründen und Gegengründen streitet, daß zuletzt das Herz, das warme, das Recht ~~behielt~~ *entschied und den Sieg davon trug. Indem er nun bey guter Muße alle diese Gründe für und gegen den Zweykampf bey sich im Stillen erwogen,* ~~und~~ *geordnet und* ~~aus ges~~ *zu Papier gebracht habe, so sey diese Abhandlung entstanden, die, wenn sie auch den Gegenstand nicht erschöpfe, doch Einsicht und Überblick genug gewähren könne, um den Streitpunkt klar zu würdigen, wenn auch nicht zu entscheiden. Und da seine Schwester − fuhr er lächelnd fort − wichtigere Geschäfte vorschützend,* ~~sich best~~ *auf die bestimmteste Weise* ~~gegen~~ *dem Familien=Status sich nicht fügen wolle, gemäß welchem jedes Mitglied zu gemeiner Unterhaltung und Erbauung während der Ferien durch irgend eine Erzählung beytragen solle, so wolle er, als barmherziger Bruder, die Schuld der barmherzigen Schwester großmüthig abtragen; was er, im buchstäblichen Sinne, gar wohl im Stande sey, da ein guter Theil, vielleicht der beste des Aufsatzes, der wenigstens dem Gemüthe am meisten zusage, ihr angehöre, und er nur die Worte für das geliehen, was ihr Scharfsinn erdacht, ihr Gefühl warm ausgesprochen habe.*

Man nahm den Antrag des ~~Redners~~ *Onkels mit Vergnügen an; und, während die Kleinen sich daruch Spiele belustigten, zogen die Größeren, den Pfarrer in der Mitte, einen engeren Kreis um den Redner, seines Wortes gewärtig. Er las:* [wohl die Erzählung „Zweikampf"[21]]

---

[21] Die Erzählung „Der Zweikampf" ist veröffentlicht in Sarreiter, Joseph: Gesammelte Erzählungen von Ludwig Aurbacher, Freiburg 1881

Nach dem „Zweikampf-Vortrag"

Gedrängt, äußert sich der Pfarrer zum Problem „Zweikampf" und darüber hinaus, aus religiöser und vernünftiger Sicht. In seine Äußerungen mischen sich die Mutter und später auch der Vater ein. Dies führt bis zu einer Diskussion über die Gesetzgebung und die Autorität des Staates.

44 (anscheinend ordnende Seitenangaben)
Nachdem der Onkel seine Vorlesung beendet, wurde der würdige Pfarrherr aufgefordert, daß er als der erste seine Meinung ausspreche. Dieser, nachdem er anfangs den Antrag bescheiden abgelehnt, dann, auf wiederholtes Gesuch, vorläufig dem Verfasser das gebührende Lob ertheilt über die Auffassung, die Anordnung und Einkleidung seines Gegenstandes, fuhr er fort, ungefähr in folgenden Worten sich vernehmen zu lassen: „ Es gibt bekanntlich in der Mathematik sogenannte irrationale Größen, deren exacte Auflösung ~~in nimmer~~ *auf keinerley Weise erreicht, aber da sie einmal gefordert wird, eben nur annäherungsweise vollzogen werde kann und soll. Eben so finden sich in der Philosophie irrationale Begriffe, wenn ich sie so nennen darf,* ~~die einen innern Zwiespalt in sich tragen~~ *die, weil* ~~sie~~ *ich von zwey verschiedene Vernunft=Principien zu Grunde liegen* ~~und die daher~~ *einen innern Zwiespalt in sich tragen,und daher bey gegebenen Fällen des Lebens, wo ihre Anwendung gebothen wird, nicht mit Bestimmtheit gesetzt* ~~erklärt~~ *und zur absoluten Regel* ~~Gewißheit~~ *erhoben werden können. Um nicht deutlicher zu erklären, will ich*
45
für sogleich ein Beyspiel ~~setzen~~ *geben. Jede sittliche Handlung* ~~hat gibt ein Pa~~ *zumahl eine solche, welche gewisse „Lebensfragen" entscheiden soll, ist ein Produkt aus Freyheit und aus Nothwendigkeit, oder, nach christlichem Begriffe, aus Freyheit und Gnade. Diese verschiedenen Principien widersprechen sich zwar an sich nicht* ~~so sehr sie es auch scheinen~~ *aber sie erscheinen als*

widersprechend oder doch als ~~nicht~~ *jeder Vereinigung unfähig, sobald sie, zu einem Verstandesbegriff verbunden, als Norm für eine bestimmte Handlungsweise dienen sollten. In solchen Fällen, wo doch eine Entscheidung statt finden muß, drängt sich denn meistens ein drittes, fremdartiges Movens auf, das man „dunkles Gefühl" zu nennen pflegt, das aber meistens eine* ~~aus Gewohnheit~~ *blinde Verneigung, ein blindes Vorurtheil heißen* ~~sollte~~ *könnte und jedenfalls da, wo doch allein die Vernunft sich entschließen sollte,* ~~an der nur in er weit eine des Mensch~~ *eine, mit der menschlichen Natur und Freyheit schwer vereinbare Autorität ausübt."*

„Wenn wir Ihre Worte recht verstehen – sagte die Mutter -, so möchten wir schaudern, so oft wir in die Nothwendigkeit versetzt werden, in bedenklichen Lagen zu handeln.

46

„Wir müssen allerdings „unser Heil mit Zittern wirken"[22], wie das bedeutsame Wort lautet – fuhr der Pfarrer fort -, und jene Bitte: „führe uns nicht in Versuchung"[23] hat einen tiefen, ernsten Sinn. Doch galt meine Bemerkung, so allgemein sie war, nur den sogenannten „Lebensfragen", solche Momente, wo von unserer Entscheidung nicht etwa bloß ein und der andere, wenn auch bedeutende Vor= oder Nachtheil, sondern unser ganzes, so wohl zeitliches als ewiges Heil abhängt; es sind jene Momente, wo wir fühlen, daß aller Schafsinn unseres Verstandes ~~alle noch so u~~ *in Erwägung der Verhältnisse nicht ausreicht, alle unsere Willens= und Naturkraft zur Abwehrung feindseliger unsern Wünschen und Plane durchkreuzenden Zufälle nicht auslangt, und wo wir daher* ~~in ein~~ *mitten im verwirrenden, peinlichen Wägen und Wählen, beynahe mit einer Art von Verzweiflung den endlichen Entschluß fassen, - fassen* müssen*"*

---

[22] Phil 2, 12
[23] Vater-Unser-Bitte

„Ich verstehe Sie, hochwürdiger Herr! – sagte die Mutter -, und es gibt wohl keinen Menschen auf Erden, der nicht in solche Lagen versetzt würde."

In allen solchen Fällen also, wo das natürliche Licht der Vernunft uns im Dunkeln und Unsichern läßt ~~da tritt das~~ tritt Macht der Autorität, welche

47

als Repräsentation der öffentlichen, allgemeinen Vernunft das Regulativ festsetzt, ~~wonach~~ was wir Einzelnen bey eintretender Nothwendigkeit zu ~~handeln~~ thun und zu lassen haben, was wir zunächst auch in Beziehung zur Gesellschaft, der wir von Natur aus angehören, als recht oder unrecht ansehen sollen. Diesen Gehorsam darf sich keiner entziehen, wer er auch sey, und zwar nicht nur wegen der Strafen, die von der Autorität gegen die Übertreter gesetzt sind, sondern auch, und noch mehr, wegen des Urtheils unseres eigenen Gewissens, das uns an die Anordnungen der allgemeinen Vernunft und ihrer sichtbaren Repräsentation verbunden hält. Denn so gewiß wir, als Glieder eines Ganzen, Verpflichtungen haben gegen die Gesellschaft, so gewiß auch für die Autorität, in deren Hände die Gesellschaft die Macht des Regiments gelegt hat.

„Und wie betrachtet die Kirche z.B. den Zweykampf? – fragte die Mutter – und wie verfährt sie gegen diejenigen, welchen dieß Gewaltmittel ergreifen?"

„Die Kirche – fuhr der Pfarrer fort – ~~segnet und fluchet~~

48

verdammet den Zweykampf, wie der Staat; jene spricht über denselben den Bann aus, wie dieser die Acht."

„Entsetzlich! – rief die Mutter – Ja, nun begreife ich erst recht – fuhr sie fort – wie meine Schwester, diese gehorsame Tochter der Kirche, zu dem furchtbar = heroischen Entschluße gekommen, dem Manne ihrer Wahl zu entsagen und ihn zu fliehen, als ~~wär es~~ trüge er das Zeichen Kains, des Brudermörders!

~~Aber fraglich — sagte der Pfarrer sobald sie Vergessen~~ Übersehen wir jedoch nicht — sagte der Pfarrer in mildem Tone — daß dieselbe Kirche nachdem sie die strenge Vollzieherin der Gerechtigkeit dieses Zornwort ausgesprochen, ~~tritt sie~~ zu den Leidenden, Büßenden zugleich als Vollzieherin der Barmherzigkeit hinzutritt, im Namen dessen, der gesagt hat: „er sey nicht gekommen, die Sünder zu verderben, sondern sie zu erretten."[24] Darum ist es auch dem Einzelnen nicht gestattet — er spräche denn im Namen der Kirche -, einen solchen Unglücklichen zu verdammen; ~~wir dürften ihn nicht „richten", damit wir nicht gerichet werden,~~ wir andern müssen ihn vielmehr ~~um so mehr~~ mit desto größerer Liebe umfassen, je bedürftiger er unseres Trostes ist und unserer Hülfe. — Freylich — fuhr er mit leiserer, beynahe schüchterner Stimme fort — wenn eine

49

gewisse, zarte, heilige Scheu vor einem solchen Manne, an dessen Händen das Blut eines gemordeten Menschen klebt, instinctmäßig gezück bebt, und jammernd von der blutbefleckten ~~wenn auch~~ Gestalt sich abwendet: wer wird sie deßhalb tadeln? Wer sie nicht sogar bewundern, wenn man weiß, daß sie all ihr Lebensglück selbst einer strengen frommen Gesinnung geopfert habe?"

~~Nachdem der Vater noch einige Bemerkungen über die gerechte Strenge des modernen Staates in Beziehung auf den Zweykampf vorgebracht, und der Onkel dagegen bedeutende Einwandungen gemacht, die sich alle zunächst auf den Hauptsatz vereinigten, daß bey gewissen Ehrenpunkten alte gesetzgebende und vollziehende Staatsgewalt unzureichlich sind und darum incompetent sey und daß darum in solchen Fällen lediglich das Privaturtheil und die Selbsthülfe eintreten müsse schloß der Pfarrer die Unterhaltung über diese allerdings schwierige Materie mit der Bemerkung: „Die vorliegende Streifrage finde im Allgemeinen ihr best Auflösung in~~

---

[24] Lk 9, 56

~~den Worten Pauli an die Römer (12, 18-19), die also lauteten: „Ist es möglich,~~

50

Es möchte, allerdings befremden – sagte der Vater nach einer Pause -, daß die modere Gesetzgebung, die in allen peinlichen Fällen den Grundsatz der Humanität festhält, gerade in Beziehung auf den Zweykampf, der jedenfalls doch ~~nur nicht ehr~~ zu den ehrenwerthen Handlungen gehört – weis ehrenwerth wegen der Personen, welche denselben eingehen, ehrenwerth um der Motive willen und sogar noch in der Verfahrungsweisen nach herkömmlich gesetzlichen Bestimmungen -, daß die Gesetzgebung, sage ich, ein so strenges Verboth, eine so schwereStrafe über denselben verhängt hat, wie über ein gemeines Verbrechen ~~Todtschlag und Diebstahl.~~ –Allein der Grundsatz: „Jede Selbsthülfe ist unerlaubt, ist verpönt!" muß einmal vom Staate nach allen Seiten hin aufgestellt und festgehalten werden; würde der Staat dieses Princip fallen lassen oder auch nur weniger streng befolgen, so müßte er sich selbst aufheben und zerstören. Denn eine Allgemeinheit ist nicht denkbar ohne ~~Unterordnung und~~ Verbindung der Besonderheiten zu einem Ganzen, eine Gesellschaft nicht denkbar ohne Unter=

51

ordnung der Individuen, ~~unter~~ ihrer Pflichten und Rechte, unter ~~eine~~ die Autorität des allgemein verbindlichen Gesetzes. Zwar ~~weiß ich wohl~~ kann man sich nicht verhehlen, daß gerade in den zarten Ehrenpunkten jede Gesetzgebung als unzulänglich, jede strenge Gesetzvollziehung als willkührlich ~~beynahe~~ als grausam erscheinen möchte; allein ein <u>Wort</u> das einmal von der Autoriät ausgesprochen, und das <u>ausgesprochene</u> Wort muß gehalten werden. Sodann dürfte man ja auch in allen andern Punkten jede Gesetzgebung für unzulänglich erklärt (woher sonst so viele Processe?), man dürfte sie, vom natürlichen Standpunkte aus, als grausam erklären. Oder wären ~~von ödenn nöttig, denn die Angst sind die Eigriffe~~ denn die Ansprüche und Eingriffe des Staates auf ein Gut und Blut minder *verletzend* ~~auf m~~ *für mich, als auf meine Ehre und Freyheit? Doch der Weise bescheidet sich, muß sich bescheiden; denn er weiß, daß er der Wohlthaten einer Gesellschaft nur dadurch theilhaftig werden kann, daß er sich bis zu einem gewissen Grade und Umfang seiner Ehre und Freyheit,* ~~bey~~ *seiner Persönlichketi begibt; und daß der Staat, dem*

52

er durch Geburt oder freye Wahl angehört, gewisse Rechte auf ~~seine~~ *dessen Person,* ~~sein~~ *Gut und Blut habe, um seine Macht und seine Würde nach Außen und Innen mit Nachdruck behaupten zu können. Gesetzliche Beschränkungen jener Art und gerechte Bestrafungen im Übertretungsfalle können darum nicht willkührlich und grausam,* ~~nicht grausam~~ *nicht tyrannisch genannt werden, sondern es sind die natürlichen Folgen eines Zustandes und Verhältnisses, in welche ich mich als Mitglied des Staates durch Eid und Pflicht verbunden fühle."*

Nachdem der Onkel noch einige Einwendungen gemacht, und der Vater dieselben alle zurück zu weisen versucht hatte, schloß der ~~Pfarr~~ *würdige Pfarrherr die Unterhaltung über diese — die Frauenzimmer, wie es schien, wenig erbauliche Unterhaltung mit der Bemerkung: „Die vorliegende* ~~Frage~~ *Streitfrage finde im Allgemeinen ihre beste Auflösung in den schon erwähnten Worten Pauli an die Römer (12, 18-19) die also lauten: „Ist es möglich,*

Zu S. 52 Im übrigen — schloß der Vater — steht zwischen der Gesetzgebung und der Vollziehung des Gesetzes der Richter vermittelnd inne, Sorge tragend, daß auch dem ~~oft IIII~~ *Privat=Rechte sein Recht wiederfahre, wie dem öffentlichen, das ebenfalls seine gesetzlichen Schranken hat. Er wird unpartheyisch untersuchen, ob eine größere oder mindere Schuld oder auch völlige Unschuld obwalte;* ~~er wird die Unschuld selbst zu Tage fördern, und~~ *ja, er wird sogar die Nothwendigkeit der Selbsthülfe in Fällen anerkennen, wo* ~~der Staat~~ *die Dazwischenkunft der öffentlichen*

Gewalt von dem Beleidigten, welchem Mord droht an seiner Ehre, nicht implodiert werden kann. Dieses Richteramt wird in monarchischen Staaten um so mehr der Billigkeit ~~weichen~~ Gehör geben, als die Macht in der Hand eines Einzelnen liegt, der nicht nur über alle Personen und Persönlichkeiten sich erhaben ~~ist~~ fühlt, sondern auch die Umstände und Verhältnisse zu beherrschen im Stande ist, und darum, so oft es ihm beliebt, Gnade für Recht ergehen lassen kann unbeschadet der Gerechtigkeit."
53
So haltet, so viel an euch liegt, mit allen Menschen Frieden. Rächet euch selber nicht, Geliebte! Sondern gebet dem Zorne Raum; denn es stehet geschrieben: Mein ist die Rache; ich werde vergelten, spricht der Herr."[25]

---

[25] Röm, 12,19

Pöllat und Hohenschwangau

„Jugend", Pöllat und-Hohenschwangau[26]

Am Morgen macht die Familie Rast mit Blick auf den Alpsee und wanderte dann nach Hohenschwangau. Am Mittag erreichen sie, wie der Onkel beabsichtigte, den Pöllatwasserfall. Über die „Jugend", ein Ruine (wo heute Neuschwanstein steht) gelangen sie nach Hohenschwangau. Nun folgt eine Schlossbesichtigung. Danach wird im Freien Brotzeit gehalten.

… Mannigfaltiger, abgeschlossenes Gemehlde; und als Glanzpunkt der romantischen ~~Gegend~~ Landschaft erscheint nun die, auf dem üppig bewachsenen Schroffen thronende Burg, die, wie ein Feen-Schloß hernieder schaut.
Indeß die Ältern am Fuße des Hügels ausruhten, und im Anblick des Alpsees, der ~~sich~~ wie ein Spiegel, innerhalb eines reufen Rahmens sich ausbreitet, ihr Auge erquickte, stieg das junge Volk den Hügel hinan, worauf ~~das Schloß~~ die Burg erbaut ist, um nebenbey auch Nachfrage zu halten, zu welcher Zeit die innern Räume des Schlosses für Fremde zugänglich seyen. Nun sollten denn fraglich die Kinder, ~~zumal Fritz,~~ nach ihrer Rückkehr, von all den Wundern singend und sagen, die dort oben zu sehen wären; aber der Vater legte ihnen Stillschweigen auf – zu Fritzens großem Verdruße – da auch sie, die Ältern, die Freude der Überraschung rein und frey zu genießen gedächten. Anfort wurde beschlossen, bis zur anberaumten Mittagsstunde; die nächste Umgebung gemächlich zu beschauen, und vor allem zur „Jugend" und zum „Böllatfalle" hinan zu steigen.

---

[26] Epple, Alois: Von der Pöllatchlucht und von Hohenschwangau, in. Rund um den Säuling, Hist. Jahresschrift, 4.Jg, Füssen 2015, S. 71 - 76

Durch den Wald auf einem bequemen Wege hinansteigend gelangten
sie bald zu dem erstern Punkte, der wegen seiner weiten, schönen
Fernsicht wohl einer der interessantesten der Gegend ist. Angesichts
der Veste von <u>Hohenschwangau</u>, an dessen Fuße nordwestlich der
<u>Schwan-See</u> sich ausbreitet, schweift das Auge das Gebirge über
<u>Füßen</u> [Füssen] entlang bis an die, bey Pfronten westlich
schließenden Berge, sodann über den weiten, breiten nördlichen
Horizont, so weit nur der Blick reichen mag. Und inmitten dieses
Rahmens ein farbenreiches, lebendiges, buntes Gemälde voll grüner
Matten, Felder und Wälder, die sich auf leichtbeschwingten Ebenen
und Hügeln ausbreiten, - dazwischen ~~blitzt~~ *überall hell*
aufleuchtende Gewässer und Seen, welche sich in den Tiefen
gesammelt, oder aus dem Lech-Fluße, der weithin ~~diese Gegend~~ *in*
schlängelnder Richtung diese Gegend befruchtet und belebt. Es ward
sogleich beschlossen, auf diesem reitzenden Punkte, der eine
unerschöpfliche Augenweide darbiethet, die Morgenstunden
zuzubringen.

Die Sonne hatte inzwischen eine Höhe erreicht, daß der Onkel, der
sich in dieser Gegend bereits genau auskannte, vermuthen konnte, es
sey der günstigste Augenblick gekommen, um den <u>Böllat-Fall</u> in
seiner Farbenpracht zu besehen. Man brach auf, und nachdem man
eine kleine Strecke Wegs zurückgelegt, verkündigten bereits ein
fernes Gebrause die Nähe des Falles. Man stieg die künstlich
angelegten Stufen hinab, auf ohne bedenklich=sorgliche
Ausrufungen der Tante [zu achten], und in dem man um die Ecke
eines Felsens herum bog, stand die ganze Naturerscheinung in ihrer
vollen ~~Pracht~~ *Schönheit da. Es stürzt da die Böllat (Bellenz ?), ein*
kleiner Gebirgsbach, als schmaler Wasserstreif, von einer
ansehnlichen Höhe in ein, wie von Kunst angelegtes großes Becken,
von wo aus sie in ein Labyrinth von Felsstücken sich verirrt und zur
nahen Ebene hinab eilt. Nun gewinnt aber dieses einmalige
Naturspiel, zumahl durch die nächste Umgebung, ungemein an

überraschender Wirkung für Aug und Ohr. Ungeheure Wände von buntem Marmor thürmen sich da empor, die von einbrechenden Sonnenstrahlen erhellt und durch die Regenbogenfarben des aufgepeitschten Wasserschaumes belebt, in wunderlichen Farbengepränge sich zeigen: Hiezu dann noch das Gebrause des Wassers, das sich in dieser geschlossenen Gruft durch ein hundertfaches Echo ~~in dieser~~ verstärkt, als wenn ein Gebirgsstrom sich ergösse. Man kann nur staunen, weniger über die Kraft, als die Wirkung des Naturspiels! ~~man wird wahrlich an allen Sinnen betäubt, daß man nur schauen und hören und staunen kann~~ Merkwürdig war es nun für einen unbefangenen Zuschauer (wie z.B. der Onkel welcher dergleichen seltsamen ~~Naturspiele~~ Erscheinungen schon oft genug gesehen), die verschiedenen Mienen und Gebärden und Äußerungen der minder erfahrenen Zeugen wahrzunehmen. Indem <u>Fritz</u> ganz närrisch vor Freude war, der bedächtige <u>Karl</u> die Höhe des Falles zu berechnen schien, dagegen <u>Malchen</u> ~~sich~~ ganz ~~einfangt still und~~ ruhig genießend dem ungewöhnlichen Eindrucke sich hingab, während sich <u>Minchen,</u> beynahe schüchtern an der Mutter Arm ~~hing~~ hielt, begrüßte die ~~Tante~~ aufgeregte Tante das Naturspiel mit extatischen Exclamationen, von denen die schwächste: Himmlisch! war. Beynahe ärgerlich fragte sie den Onkel, der lächelnd dies alles ansah und anhörte: „Und du sagst nichts? Du kannst schweigen? ~~Schweigst?~~ Ich denke mir eben meinen Theil, ~~sagte ant~~ antwortete der Onkel. ~~Es kommt~~ Wenn du aber doch willst, daß ich mich erklären solle, nun, so sage ich: Es kommt mir dieser Bach da vor, wie ein frischer, freyer Tyroler Bub, der aus seinen Bergen herab ~~kommt~~ steigt zur flachen Ebene; im Übermuthe seines Kraftbewußtseyns macht er noch, ehe er von der Heimath scheidet, einen lustigen Burzelbaum, und läuft dann fort zur Niederung des gemeinen Lebens, wo er, gleich andern, Mühlen= und dergleichen Pochwerke in Bewegung setzt und mühsam sich fortarbeitend endlich in dem gemeinsamen Strom der Gesellschaft sich verliert.“

„Welche Albernheit." – rief die Tante, sich von ihm abwendend –; dieser schöne Wasserfall mit einem Burzelbaum zu vergleichen!" Die Kälte des Ortes bewog die Gesellschaft, sich bald zu entfernen. ~~Fritzens~~ Bitte, daß er sich in dem so sehr einladenden Bassin baden dürfe, konnte nicht gestattet werden.

~~Man ging zu den vorigen~~ Indem die Ältern den vorigen Ruheplatz auf der „Jugend"[wo heute Neuschwanstein steht] wieder eingenommen, machten die Jüngeren einen Abstecher nach den noch höher gelegenen Ruinen des ältern ~~Hochenschwangau.~~ Die Fernsicht nach der umliegenden Gegend erstreckt sich hier nicht nur mehr in die ~~Weite~~ Ferne, sondern, indem Alles und Jedes mehr an ~~Relief~~ Weite und Breite gewinnt, überrascht sie auch noch durch bestimmtere Umrisse und vollere Durchzeichnung der mannigfaltigen Gestalten. Zudem gewähren die nächst anliegenden Wildniß die Ruinen selbst inmitten des wuchernden Gestüppes und der ungeheuere ~~schauerliche~~ Abgrund in dem die Böllat ~~sich tief~~ unten rauschend sich Weg bahnt, eine schauererweckende Ansicht voll trüber Erinnerungen an eine düstere Vergangenheit.

Da endlich die hohe Zeit zur Rückkehr mahnte, so ~~stieg man zu~~ brach man auf, um so fort zur ~~Hohen Schwangau,~~ dem Schlosse, empor zu steigen, das ein kunstsinniger Fürstensohn aus einem alten, halb verfallenen, geschmacklosen Gebäude zu einem Feen-Schlosse umgeschaffen hat, – sich selbst zu würdiger ~~Wohnstätten~~ Zuflluchtsstätte, um von Zeit zu Zeit den ~~stillen~~ Musen und den ritterlichen Vergnügungen allda zu leben in stiller Zurückgezogenheit. –

HOHENSCHWANGAU.

Abbildung aus Karl Wilhelm Vogt: Beschreibung des Schlosses Hohenschwangau und dessen Umgebung, München 1837

... Nähert man sich von Norden aus ~~gegen~~ dem Schlosse Hohenschwangau, ~~kommt~~ da erscheint es, in einer beynahe

64

unansehnlichen Gestalt, ungefähr nur wie ein von der Natur und der Kunst aufgeworfener Wachtposten, der hier inmitten hineingestellt, die Ausmündung der ~~julischen~~ Alpen zu decken scheint; denn die graudiosen Umgebungen, die hohen phantastisch gethürmten Berge drücken zu sehr auf die Niederung und verdecken ihre selbständigen Größen. Gelangt man nun aber durch die enge Schlucht, wie durch eine Pforte, in das Innere, so thut sich eine neue schöne Welt auf; die Gestalten treten aus einander, jede erscheint in ihrer eigenthümlichen ~~selbst~~ Pracht; alles zusammen bildet ein großes, ...

... Doch hier, wo sich die Gesellschaft der Burg nähert, den Vorhof und den Garten durchschreitet, dann durch die innern, reich mit Fresko=Gemälden geschmückten Zimmer wandelt, übernimmt <u>Karl</u> die Rolle eines kundigen Dolmetschers, der sich in den letzten Tagen aus einem wohl ~~geschriebenen~~ abgefassten Büchlein „Beschreibung von Hohenschwangau" (von Vogt) sattsame Kunde erworben hatte, um über alles und jedes genügende Auskünfte zu geben. Während die übrigen, zumal die Kinder und die Frauen, wie entzückt an den mannigfaltigen, ~~farbigen~~ sinnigen Gemälden und den kostbaren und geschmackvollen Verzierungen der Zimmer hingen, zog sich wohl der Vater nebst dem Großvater gern in einen der vier Erker zurück, um von da aus die wunderreiche Gegend zu beschauen, die als immer dieselbe und nicht dieselbe erscheint, wie die Natur selbst, wenn sie ~~sich~~ bey jedem wiederkehrenden Frühlinge immer dieselben und nicht dieselben Früchte bringt und gerade durch diese Einheit in der Mannigfaltigkeit unendlich entzücket.
Wie freundlich und wohnlich in sich selbst, wie groß und abwechselnd in der Umgebung – rief er ein - über das andere Mal aus – wahrlich! Ein kostbarer ~~Edelstein~~ Juvel in einer goldgrünen Einfassung! Hier die heitern Spiegel des Alpsees, die dicht belaubten Wände der Berge, deren wild aufsteigende Schroffen sich bis gen Himmel erheben, dessen azurer Decke sich wie ein Baldachin über

die still-einsame Niederung ausbreitet; dort wie man den Blick zur Ebene hinwendet, ~~vor der eine unwirthbare Wüste~~ überall ein reges Leben von Menschen, ~~und Wohnungen~~ die, in zahlreichen Wohnungen zerstreut, die umliegende Landschaft, vordem eine unwirthbare Wüste, in ein Paradies voll lachender Fluren umschufen, nichts der Natur überlassend, als was der Gegend zum Hauptschmucke dient: Seen und Hügel und Wälder. Wie hebt und belebt dies Alles so wundersam den Geist, daß er, leicht beschwingt, sich über die gemeinen Lebens Mühen und Sorgen hinweg setzen mag!"

Alle Herrlichkeiten in der Welt können jedoch zuletzt keinen Ersatz geben für das, was man Rechte der Natur nennt.

<u>Fritz</u> mahnte daran, indem er ohne Umschweif gestand: es hungere ihn sehr. Es war aber auch an der Zeit ~~aufzubrechen~~ zum Aufbruch, da ~~die zu~~ man bereits schon über die bestimmte Stunde sich in diesen Räumen verweilt hatte. Alsbald ward Anstalt getroffen, den ~~mit~~ Imbiß im Freyen ~~zu~~ einzunehmen, wozu sich, am Abhang des Hügels, fernab von der Straße, ein ~~lieblicher~~ geräumiger Platz anboth, der eine liebliche Waldeinsamkeit bildet. Hier lagerte man sich auf dem Rasen, die Mutter holte aus den reinlichen Körben, die sie mit sich geführt, Brot und Braten und Schinken hervor, und vertheilte sie an die Hungrigen, die, wie weiland die Tausende in der Wüste, welche der Herr speiste,[27] mit Sehnsucht harrten, mit Dank empfingen. Dann, nach dem alle gesättigt waren, sprach man dem Flaschenkeller zu, und erlabt sich an einem Glase guten Weins, der heute, ausnahmsweise, auch den Kindern gereicht wurde, damit sie mit den Ältern Gesundheit tränken auf das Wohlseyn des ~~gnädigen~~ erhabenen Schloß=Herrn, ~~der~~ welcher ein so freundliches "Willkomm!" jedem Gaste Aufschrift am Eingang zum Schlosse biethet.

---

[27] Mk 6, 35 - 44

Eduard erzählt im Schatten von Hohenschwangau „Die Adepten"

Nachdem man im Schatten von Hohenschwangau gespeist hat und nachmittags die Sonne noch hoch steht, erzählte Eduard „Die Adepten".

~~Um die Reize der gebirgigen Landschaft noch bey vollem Lichte zu genießen, wollte man noch früh genug den Weg nach Reuti antreten. Der Onkel schlug vor: den Wagen voraus zu senden über Füßen nach Binswang~~ Da nach genommenen Imbiß ein Aufbruch bey noch hohem Sonnenstande nicht rathsam schien und das einsame, schattige Plätzchen selbst zum längern Verweilen und Ausruhen einlud, so nahm die Mutter die Gelegenheit, <u>Eduarden</u> an sein Versprechen zu erinnern und ihn an den Vortrag seiner Erzählung zu ersuchen. Dieser ~~will~~ erboth sich sogleich hierzu, auf die verbindlichste Weise; ~~So er~~ indem er seine Papiere entfaltete, glaubte er ein bescheiden=entschuldigendes Wort voraus schicken zu müssen und sagte: „Meine Freunde müssen wohl selbst wissen! ~~Zu gelegener Zeit, und nach dem man sich ersättigt, ward Eduard aufgefordert, seine Erzählung zu guter Letzt vorzutragen. Indem er nun seine Papiere entfaltete, sagte er: Ihr wisset denn wohl,~~ daß ein Bergmann, wie ich, ~~bin~~ dessen Beruf es ist, in den unterirdischen Klüften die Kunst zu üben, diese zu ~~ver~~läutern und veredeln, - daß ein solcher Mann für die Erscheinungen der Oberwelt, und darum auch für die Possin (?) die eben in Lüften und farbigen Gestalten waltet, nicht den rechten, gewandten Sinn hat. Und so ~~mögt ihr~~ mögen sie mir es denn zu gute halten, wenn ich meinen Stoff ~~gleichsam~~ aus dem gewohnten ~~irdischen~~ Schacht entnehmen, und des Bergmanns Kunst die ~~schönste und~~ scheidende ~~dir SchScheibeweise Frag,~~ vor Augen spielen lasse; so wie sie mit dem Helden – und auch mit dem Autor – Nachsicht haben mögen, wenn er im Reiche des Lebens, der Liebe und der Poesie, sich minder *erfahren, gewandt und klug erweiset, als die Kinder des Lichtes, die Weltmenschen." Er las:*

Die Adepten.[28]

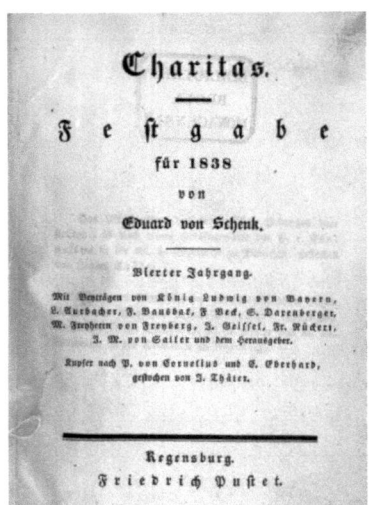

Dies Erzählung wurde erstmals veröffentlicht in: Charitas, Festgabe für Eduard Schenk, 1838, S. 1 ff[29]

---

[28] Veröffentlicht auch in Sarreiter, Joseph: Gesammelte Erzählungen von Ludwig Aurbacher, Freiburg 1881
[29] Diese Publikation findet sich z.B. in der Bay. Staatsbibliothek in München

Pinswang, Reutte

Verwandtenbesuche am Nachmittag

Am Nachmittag will man die Verwandten der Großmutter besuchen. Ihre Behausungen liegen meistens an oder in der Nähe der Straße von Kempten nach Reute.

~~Nach~~ Der Nachmittag ward größten Theils mit Besuchen zugebracht bey den Verwandten der Großmutter. Man hatte bey diesen Kreuz= und Querzügen durch die verschiedenen Ortschaften willkommene Gelegenheit, die Menschen ~~und~~ ihre Wohnungen und Beschäftigungen näher in's Auge zu fassen. Durch die Straße, welche von Kempten nach Reuti ins Tyrol mitten durch ~~führt~~ und an den meisten Ortschaften ~~der Pfarrey~~ vorbey führt, sodann durch die Seiten=, so wohl Fahr= als Fußwege, die nach den übrigen seitab liegenden Weilern sich anbahnen, ~~gehen, stehen~~ ist eine bequeme, reinliche...

Auf dem Weg, wohl nach Pinswang

Auf dem Weg, wohl nach Pinswang, trennt sich die Großfamilie: Die einen fahren mit dem Schiff, die anderen wandern am Ufer der Lechs entlang. Es werden die Vorzüge und Nachteile dieser beiden Fortbewegungsarten diskutiert.

... ~~Während~~ Gesellschaft selbst theils zu Wasser, theils zu Lande den kürzern Weg dahin einschlüge. Der Rath wurde allgemein beliebt. Als man nun aber in's Schiff stieg, das nach dem ~~entgegen~~-südlichen Ufer steuern sollte, machte die ängstliche Tante plötzlich Bedenklichkeiten, zu großem Ärger des Onkels. Da erboth sich das gutmüthliche Malchen der Tante Gesellschaft zu leisten auf dem längs dem See hinführenden Fürstenweg, ~~dahin~~ , verhoffend, es werde sich wohl auch Eduard beygesellen. So geschah es dann auch;

und beyde Partheyen schieden wohlgemuth, ~~von Zeit~~ und begrüßten sich während des Weges von Zeit zu Zeit durch Rufe und Winke.

...~~Als die Gesellschaft wieder von ihrer kurzen Rast aufgebrochen und um auf ihrem Gange zur Stadt gekommen~~ Als die Gesellschaft wieder vereinigt war ~~hatte~~ und nun gemeinschaftlich den Weg ~~nach Binswang~~ fortsetzte, unterhielt man sich längere Zeit, in lebhaftem Wettstreit, über die eigenthümlichen Vorzüge einerseits der Wasserfahrt, andererseits des Landweges. Dort freyer, offender Überblick der Gegend, die sich wie ein Gemälde allmählig weiter aufrollt; hier schattige Gänge zwischen der Bergwand voll grotesker Gestalten und den, mit ~~Bäumen~~ Baumgruppen der mannigfaltigsten Art besäumten Ufer rankt ~~durch welche~~ wo beynahe mit jedem Schritte die Aussichten wechselte, die Gestalten jetzt verschwinden, jetzt wieder kehren, und mit ~~immer neuen~~ neuem gepaart immer anders und schöner erscheinen. Der Vater beschwichtigte endlich den endlosen Streit mit dem ~~trockenen~~ strafenden Worte: „Da hören wir nur wieder die lieb= und heillose Sprache der Mißgunst, welche eine Freude daran hat, andern ihre Freude zu verkümmern! Fühle sich doch jeder mit seinem Zustande glücklich, ohne einen ~~an~~ Fremden sich zu denken; denn zuletzt entscheidet doch über die Art und das Maß unseres Glückes nur allein das Gefühl."

Reute

Von Pinswang fuhr die Gesellschaft mit dem „Wagen" nach Reute, wo man am Abend ankam. Es folgt eine Beschreibung der Landschaft um Reute. Am Ende dieses Kapitels wird allerdings erwähnt, dass man diese Betrachtungen über die Umgebung von Reute beim Frühstück machte!

In Binswang [Pinswang] bestieg man den Wagen, und fuhr beym heitersten Himmel gen Reuti [Reute], das noch eben, ~~von~~ wie sie

70

ankamen, von den letzten Abendstrahlen ~~hell ent~~ erhellt und belebt ward.

Die Umgegend von _Reuti,_ einem wohlgebauten, reinlich gehaltenen, gewerbsamen Marktflecken, gehört zu den anmuthigsten und zugleich großartigsten Landschaften ~~läuft~~ längs den südlichen Vorbergen hin, ~~von Salzburg bis nach Lindau.~~ Vergleicht man sie mit dem Thale von _Partenkirchen_ und _Garmisch,_ so ~~hat es~~ erscheint es zwar nicht in der geräumigen ~~Ausdachung~~ Größe, und der grandiosen Begrenzung, ~~aber~~ wie jenes, aber es stellt sich ~~innerhalb mit seinen grünen Matten~~ bey einer immer noch ansehnlichen Räumlichkeit, ~~noch fruchtbarer~~ lieblicher, wohnlicher und heimlicher dar mit seinen grünen, fruchtbaren Matten und Fluren, ~~durch welche der~~ und seinen zahlreichen, näher zusammen gerückten Wohnungen und Örtern, zwischen welche der _Lech,_ der ~~bis zu seiner AusMündung in die Donau nirgends~~ mächtige Gebirgsstrom, der ~~nach all~~ in all seiner Gewalt sich zeigt, die grünen Fluten wälzt. Sodann der ~~starke hohe~~ breite, schmucke Berggürtel rings herum! ~~Daher~~ Wenn man auf dem westlich gelegenen ~~Hü~~ Büchel, an den sich _Reuti_ anschmiegt, den Blick an den Bergen umher schweifen läßt· welch ein überraschendes Panorama! Nirgends wo //// ~~erscheinen~~ erheben und reihen sich Mittelberge in so ~~sanft~~ frisch begrünten Wänden und so sanft abgerundeten Kuppen, wie hier; und, wie in einem Reihentanz, ~~verknüpfen~~ und sondern ~~sich~~ sie sich in gefälligen, kaum bemerkbaren Linien und Windungen ~~von~~ das Thal entlang. Und so findet denn auch das Auge, obgleich es ~~das~~ sich in aller Freyheit ~~sich~~ ergehen mag, überall eine wohlthuende Beschränkung, die zur Ruhe einlädt (gleich wie des Menschen Geist überhaupt nur innerhalb genießen kann); und will es doch in die Ferne, ins Unendliche ausschweifen, so wendet es den Blick das obere ~~und untere~~ _Lechtal_ entlang und nach durchmessenem Labyrinth von immer höhern und höhern Bergen ruft es aus dem Gewölke, das den ~~die~~ höchsten, nicht gesehenen, in einem kaum geahnten Hintergrund entsteigt.

71

Diese Betrachtungen ungefähr stellten unsere Freunde an, als sie am frühen Morgen auf jenem ~~Hügel~~ *Büchel ihr Frühstück einnahmen. Darauf aber, und noch zeitig genug, geschah der Aufbruch zu einer Landparthie, die in der Art verabredet war, daß man, nachdem man den* ~~soge~~ *gerühmten Wasserfall den sogenannten „Steiber [Steuber, Steubbach] besehen, über den* Plausen *entlang…*

Ausflug nach Heiterwang

Der Ausflugsplan sieht vor: Heiterwang, dann Rückkehr zur „Veste Ehrenberg". Mittags macht man Rast und betrachtet Reute und die Gegend nördlich davon.

… bis nach Heiterwang *fahren, und dann zu Wagen nach* ~~Schloß~~ *der Veste* Ehrenberg *zurückkehren wolle, in deren Nähe, auf einem Vorhügel, endlich der Imbiß eingenommen, und die Mittagszeit zugebracht werden sollte.*
Wir wollen uns jedoch mit der Beschreibung dessen, was sie auf diesem ganzen Wege geschaut, genossen, besprochen haben, nicht verweilen, sondern sie sogleich über ihrer Mittagsruhe treffen, welche sie an einem wohl=gewählten Punkte halten. Unter ~~schattigen Bäumen~~ *dem Schatten einer stämmigen, uralten Buche, auf grünem Rasenplatze bequem umher gelagert, genießen sie die herrlichste Aussicht gen Norden das Thal entlang* ~~im Vordergrunde, zwischen lachenden Fluren, das reinliche Reuti mit Breitenwang, der Pfarre voraus aller Ortschaften, Dörfer und Weiler, welche sich~~ *voraus das reinliche und freundliche* Reuti *[Reute], von einem Kranz von Weilern und Dörfern umgeben, welche sich hier zwischen lachenden, grünen Fluren angesiedelt; sodann die beyden Bergreihen, die immer mehr sich annähernd, ineinander windend, zu letzt in einen Knoten von Gipfeln verwickeln* ~~allmählich abtauchend,~~

gen Füßen [Füssen] *auslaufen, während der* Seuling [Säuling], *der König dieses Gebirgreviers, in selbstständiger Größe alle ~~übrigen Domä~~ andern überragt, und beherrscht.*

Auf der Ruine Ehrenberg

Am Nachmittag besicht man die Klause Ehrenberg, dann geht es nach Reutte zurück, und von dort aus bricht man nach Pfronten auf.

... Nachdem die Familie in einer Nachmittagsstunde noch die merkwürdige Klause von Ehrenberg *besuchen, eine nun beynahe ganz verlassene Veste, die aber zumahl während des dreyßigjährigen Krieges ~~und schon früher~~ einem überlegenen Feinde Trotz gebothen: ~~und welche nach~~ so kehrte man zu Fuß nach* Reuti *zurück, um, ohne Aufenthalt, nach* Pfronten *aufzubrechen.*

Burgruinen Falkenstein, Eisenberg und Hohenfreyberg

Blick auf Falkenstein, Freyberg und Eisenberg

… ist überraschend der südliche Halbkreis wird beschlossen durch die ~~mächtigen~~ Vorberge Tyrols, der nödliche durch ~~Hügel~~ sanfte Hügel, deren Rippen ~~nach~~ gen Schwaben auslaufen. Die Ruinen von <u>Falkenstein</u>, sodann von <u>Freyberg</u> und <u>Eisenberg</u>, jene süd= diese nordöstlich[30], schauen ernst ~~und würdig~~ in die Gegend herein, die vor dem von ihren Besitzern ~~sie vormals~~ beherrscht war ~~worden~~. Zwischen dieser grünen Begrenzung breitet sich nun die Niederung aus, in einem Umkreis von drey bis vier ~~mehreren~~ Stunden; dreyzehn Ortschaften – Weiler und Dörfer – liegen zerstreut umher, mitten zwischen Wiesen und Feldern und Baumbärten. Die <u>Vils,</u> nebst den […]

Besuch der Ruine Falkenstein

In der Früh bricht der Onkel mit den Kindern auf, um die Ruine Falkenstein zu besuchen. Früher war diese Burg Zufluchtstätte der Augsburger Fürstbischöfe. Von hier aus hat man einen wunderbaren Ausblick, den Fritz, als sie wieder zurück waren, den anderen beschreibt: Man sieht das Pfrontener Tal, das untere Vilstal und das Lechtal, Ruine und das Städtchen Vils, Aggenstein, Gimpel, Säuling, Branderschrofen, Zugspitze, Buchenberg, Peißenberg usw. Schließlich bekommt Fritz Hunger und beendet seinen Vortrag.

---

[30] Damit muss der Standort des Betchters bei Zell sein.

~~Das andere~~ *Am folgenden Tage war der Onkel mit den Kindern schon frühe aufgebrochen, um die Ruine <u>Falkenstein</u> zu besuchen. Sie steht /// in die Lüfte hinein gebaut gleich einem Adler=Neste auf einem Felskegel, dessen breite Basis selbst einer der nicht unansehlichen Vorberge ist. In den frühesten Zeiten hatte die Burg als Zufluchtsstätte den Fürstbischöfen von Augsburg gedient ~~bis~~ ehe noch das ansehnliche und weitläufige Schloß in <u>Füssen</u> gestanden. Ein längliches ~~Viereck~~ Mauerviereck, dessen Fensterhöhlen und Thor noch wohl erhalten sind, biethet an sich nichts Mahlerisches dar, aber desto lohnender ist die Aussicht für denjenigen, der sich in die Gewinde der näherliegenden Berge und Thäler hinein finden und ~~die~~ die Niederungen des anmuthigen Allgäus voll mannigfaltiger Abwechselungen wie auf einer großen, ausgebreiteten Mappe sich erschauen will.*

Da der Weg dahin nur anderthalb Stunden beträgt, so sind unsere Wanderer noch zu guter Zeit wieder nach Hause gekommen. <u>Fritz</u> macht sich also gleich als Berichterstatter auf. „Man habe eine göttliche Aussicht dort oben, so schön und groß, daß es nicht zu sagen sey; und niemand sollte es unterlassen, nach diesem höchst interessanten Punkt zu wallfahrten. ~~Pfarr~~ Das Pfrontner=Thal liegt vor einem tief unten da, wie ~~auf~~ eben ~~Bann~~ das, Relief, und er kenne sich nun in den Ortschaften, Wegen und Stegen so gut aus, wie in der Stadt ~~München~~ , wo ihm jeder Schlupfwinkel bekannt sey. Das ganze untere <u>Vilsthal</u> entlang und weit hinauf gegen das <u>Lechthal</u> sich weite das ~~lige fre~~ frey längs und über die Berge entlang, wie im ~~einem Vogel~~ VogelFlug; die Ruine ~~Vilseck~~ nebst dem Städtchen <u>Vils</u> ~~liege~~ lägen zu seinen Füßen, daß man sie mit Händen ~~greifen~~ erlangen zu können meinen sollte. Und die vielen Berge gegenüber, ~~ein wahrer Knäuel und hinter~~ das all die Spitzen und ~~Kuppen~~ Köpfe und Kegel neben und hinter einander, wer könnte sie alle zählen und nennen? Dort gegen Süden der <u>Ackenstein</u> [Aggenstein] mit seinem Kammel=Rücken, der <u>Gimpel-Berg</u> (den man auch <u>Metzenars</u> nenne), dann ~~hinüber~~ gegen Osten der <u>Seuling</u> [Säuling] und der

Branderschrofen [Branderschrofen]~~, und~~ *bis zur* Zugspitz*, dessen* ~~Be~~ *nähere Bekanntschaft er schon früher gemacht habe. Und nun, wenn man sich* ~~nun~~ *gegen Norden wende,* ~~gegen~~ *nach dem niedern, flachen Lande zu: Nein, da wisse man nicht, wo man zuerst hinschauen, wo man anfangen und enden solle. Von* Buchenberg *bey* Kempten *- die Stadt sehe man nicht – bis gegen den* Peißenberg *liegt alles Land zwischen der Iller und dem Lech offen; eine große, große Mappe voll Fluren, Seen Wäldern. Schlösser, Dörfer, Flecken und Städte und das wisse Gott! Was alles. Aber schade seys, daß kein Wasser droben zu bekommen, viel weniger Milch und Brot, und es hungere und durste ihn sehr."*

Die Zuhörer konnten sich Glück wünschen, daß ihn dieses physische Bedürfniß zum Schweigen gebracht, denn sonst wäre er noch mit seiner Beschreibung nicht so bald zu Ende gekommen

~~Nichts wirkt ermüdender, als jene //// Schilderungen von Gegenständen, deren Bild doch nur durch unmittelbare Anschauung gewonnen, durch unmittelbares Gefühl genossen werden kann, während doch die Worte nur seinen schwachen Umriß, nur ein Schaffenbild zu geben vermögen.~~

„Du kommst mir mit deiner ~~Beschreibung~~ *Schilderung vor – scherzte der Vater, zu Fritz gewandt – wie jener Reisebeschreiber, der, des Zeichnens unkundig, seine Gegend* ~~mit~~ *in rohen Zügen auf's Papier warf überall nur* ~~andeutend~~ *mit Worten andeutend: Berg, See, Dorf, Fluß, Wald u.s.w., und der nun sein Gemälde einem Künstler zur beliebigen Ausführung und Auszierung übergab. Dies Kunstgeschäft wollen wir denn auch übernehmen, und deine beschriebene Gegend so groß und anmuthig ausmahlen, als es uns nur immer möglich ist."*

Fritz schien ~~dabey~~ *wohl zufrieden zu seyn, - man* ~~wußte nich~~ *konnte jedoch nicht* ~~absehen~~ *erraten, ob mit der gegebenen Erklärung des Vaters, oder der bescherten Erquickung der Mutter? – …*

Hochzeit in Hopfen

An einem Nachmittag geht die Familie nach Hopfen, um dort eine Hochzeit mitzuerleben.

…~~seine Rede etwas empfindlich~~ /// ~~den lenkte er wiederum ein und sie fuhr fort: „Gelegenheitmacherey~~ ist zwar nicht meine Sache, doch will ich dir und unserm Malchen zu Liebe heute eine Ausnahme mir gestatten, wenn du anders in meinen Antrag eingehest.

In Hopfen am Hopfensee feyern sie heute eine Hochzeit ~~eine ländliche~~.[31] *Nun wollen wir [die Großfamilie] nachmittags dahin einen Spaziergang machen, um dieses ländliche Fest in der Nähe zu besehen; auf dem Rückwege lenken wir dann ein gegen Freyberg und Eisenberg, die SchloßRuinen, wo sich schöne Aussichten darbiethen, in die Natur und wohl auch ins Herz.*

Es war einer die schönsten ~~Herbst~~Nachmittage des Frühherbstes, die Hitze gemildert durch einen erquicklichen Nordost, der ihnen entgegen wehte. Der Weg führte über fruchtbare Felder und saftiggrüne Wiesen unter beständigem Wechsel der Aus= und Ansichten.

So ergieng man sich denn unter heitern Gesprächen und mannigfaltigem Spiel der Gestalten, dass Zeit und Weg unbemerkt vorbeyzog; und schon der ~~Spalt~~ Spiegel des Hopfensees ~~und das Schlößchen Hopferau in der Niederung vor ihren Augen lag. Mit seinem sag/// Menschen mit das Schlößchen Hopferau wie ein Damast~~ glänzte in der Niederung vor ihren Augen lag.

Da nahm der Onkel das Wort und sprach: „Es ist billig, dass, wenn man zu einem so schönen, bedeutsamen Schauspiele geht, wie eine Hochzeitfeyer ist, das Bild in einem …

---

[31] Eine ausführliche Beschreibung einer schwäbischen Bauernhochzeit von Aurbacher steht in: Die Abenteuer der sieben Schwaben von Ludwig Aurbacher, Maximilian Dietrch Verlag, Memmingen 1962, S. 140 – 148.

77

… Ältern und Großältern werden sich zu diesem weiten Gange nicht entschließen können; auch die Tante nicht, welche ohne Zweifel Besuche ihrer kranken Brüder und Schwestern vorschützen wird. So können wir andern, denn allein den Weg machen und uns so unbefangen, heiter und liebenswürdig besprechen, als nur möglich ist. Es versteht sich aber, dass ihr euch alle unter meiner Zucht fügen müsst und bey gewissen Leuten, dass also bei gewissen Leuten etwa der Gedanke an eine Entführung und dergleichen durchaus nicht aufkommen darf. Eduard billigte und lobte hoch den Vorschlag des Freundes

Als unsere Caravane im Wirthshause angekommen, war alles in der vollsten, freundlichsten Begegnung; man aß, man trank, man tanzte; man sah nur fröhliche Gesichter und hörte nur lebhafte Gespräche untermischt mit Gelächter und Gejauchze. Der Onkel ließ sich ein besonderes Zimmer anweisen, darin sie ihre Erfrischungen nahmen, und ab und zu gingen, um dem Jubel der Hochzeitleute zuzusehen. Die Kinder ergötzten sich ungemein, an dieser ländlichen Sonne, zumahl an den absonderlichen Tänzen. Auch die Landleute hatten ihre innige Freude, daran, dass so hohe Personen aus der Stadt herbey gekommen, um sie bey ihrem Schmause und Spiele zu beschauen. Der Hochzeiter, ein hübscher junger Bursche, wandte sich sogar, mit bescheidenen, höflichen Worten an Malchen, um sich die Ehre eines Tanzes mit ihr auszubitten, den diese gern annahm; wogegen Edgard an die Hochzeiterin sich kehrte, und fraglich nach einiger Weigerung aus Schüchternheit, ihre Einwilligung erhielt. Aus dem Kreise, der sich um die beyden tanzenden Paare gebildet, schlug so manches schlichte, derb=schmeichelhafte Wort an Malchens Ohr, z.B. „Potz! Die kann´s“ oder: „Die möchte ich!“ u. dgl. [dergleichen] welches sie aber nicht übel nahm; denn welches Mädchen findet sich nicht geschmeichelt, wenn sie als schön gilt und als gute Tänzerin?

Ruinen Freyberg und Eisenberg

Auf dem Rückweg von Hopfen schaut die Großfamilie noch
auf den Burgruinen Freyberg und Eisenberg vorbei. Von dort
aus hat man einen schönen Ausblick nach Oberschaben.
Eduard, der auch dabei ist, flirtet mit Malchen.

Nach einer fröhlich durchlebten Stunde [auf der Hochzeit in
Hopfen] *brach die Gesellschaft wieder auf, um zu der Ruinen von
Freyberg und =Eisenberg hinan zu steigen, auf zwey Hügeln
gelegen, die sich brüderlich nahe an einander reihen, und die weite
Gegend, zumahl gegen die Niederungen Oberschwabens freundlich
beherrschen. Es haben allda in den ältesten Zeiten mächtige
Freyherren geherrscht, deren Zweige sich später zwischen der Iller
und dem Lech bis gegen die Donau zu weithin verpflanzt und welche
noch, obgleich ihrem alten Grunde und Boden entrückt, blühend und
fruchtbringend fortleben. Nach dem man die ehrwürdigen Ruinen
durchwandelt und sich sattsam erlabt, lagerte man sich an einem
sonnigen Platze das Auge gegen das Gebirge gekehrt, das sich von
hier aus weithin nach allen Seiten geöffnet und etwas in die Ferne
gerückt, besonders schön ausnimmt.*
*Die Knaben waren bald wieder auf den Beinen, um nach Nüssen
und Beeren zu suchen, deren sich auch Minchen zugesellte; der
Onkel botanisierte, Eduard und Malchen blieben zurück in
freundliche Zwiesprache sich verlierend.*
*Wie kommt es denn, dass .Menschen, die sich wohl auch schon in der
Stadt gesehen, gekannt, gesucht hatten und doch dabei Jahre lang in
einer gewissen Entfernung, ja Entfremdung geblieben waren,
plötzlich zu einer traulichen Annäherung hingerissen werden,
sobald sie sich auf dem Lande treffen und auf einige Stunden oder
Tage zusammen leben? Übet vielleicht die freye, frische Natur jenen
Zauber aus, dass sie wie die leiblichen Kräfte, so auch die seelischen
das Gemüth reinigt und stärkt, und gleichsam einen neuen*

Menschen uns anthut? Diese auffallende Bewirkung wird allgemein gemacht; und so wird man es denn begreiflich finden, wenn wir melden, dass auch in den Gemüthern unserer beyden Liebenden eine plötzliche Veränderung vorgegangen. Da fand denn schon kein schüchternes Werben und Anfragen statt; und ein eben so schüchternes halb ausweichendes, halbe entgegenkommendes Antworten; sondern man begriff und verstand sich sogleich ohne Erklärung, jedes sprach und fühlte aus dem Herzen des anderen und man war bald, ohne sich recht bewusst zu werden, eins und selig in dem innigsten Verständniß.

Der Onkel mahnte endlich die süß Träumenden zum Aufbruch. Da die Sonne sich bereits senkte. Die Knaben schritten noch rüstig, voran; an der Seite des Onkels ging Minchen, still und müde; das liebende Paar folgte nach, Arm in Arm, unter freundlichem Gekose. Es war schon Dunkel geworden, als sie zu Hause angekommen.

Das Achtal

Ausflug ins Achtal und die Legende von den Teufelsteinen

Die Großfamilie macht einen Ausflug um den Kienberg[32] und erblickt das Achtal[33]. Die Großmutter erzählt dem Fritz, dass Teufel „Fang-Ball" spielten und hierbei mächtige Felsblöcke vom Kienberg in die Ache fielen. Deshalb nennt man diese Felsbrocken „Teufelssteine".

Während die Großmuter noch sprach, führte sie der Weg um die Ecke des Kienberges, so daß nur das Ach=Thal mit der Gebirgswand, die es ~~die es begrenzt~~ im Hintergrunde begränzt, halb offen vor ihren Augen da lag. Der Anblick ist etwas unfreundlich; die Ache, die ~~hier~~ ~~mehrere~~ mehrere Mühlen und Hämmer in Bewegung setzt, hat hier, bey fluthenreichem Andrang, weites Terrain erobert und zur Wüste gemacht. Zudem liegen ungeheure Steinblöcke, von dem schroffen Kienberg herab geschleudert, ~~liegen~~ am Wege. Fritz, der nach aller Dinge Ursache zu fragen pflegte, wollte wissen: Wie denn diese Blöcke hieher gekommen. Die Großmutter erwiederte: Man nenne sie „Teufelssteine", vermuthlich – setzte sie scherzend hinzu – hätten vor undenklichen Zeiten ein Paar Teufelskerle ~~sich~~ von den gegenüberstehenden Bergen mit einander ~~sich damit~~ „Fange=Ball" gespielt, wo denn einer und der andere Block in die Tiefe gefallen sey. ~~„Die Großmutter will dich~~ „Fritz, glaub's nicht!" – fiel Karl ein – „die Großmutter will dich nur foppen!" „Meinst du denn", erwiederte Fritz, „daß ich so dumm sey, um so etwas zu glauben! Ich und die Großmutter verstehen uns schon!"

---

[32] südöstlich von Pfronten
[33] südlich des Kienberges; vgl. „Achtalstraße"

~~Jeden Landmann antwortete lächelnt Wan~~ „~~fraglich, fuhr er fot,~~
~~heiße es da: arbeiten und sparen! Unsere Eltern~~
Inzwischen war die Gesellschaft ihrem Ziele immer näher
gekommen; die Berge engen und winden sich immer mehr und mehr;
man geht an der „schwarzen Wand" vorbey, berüchtigt durch
Geisterspuk; die Ache, in ein schmaleres Bett gezwängt, gräbt sich
durch Felsblöcke ~~brausend~~ brausend ihr Bett, oder ~~zu , nach dem sie~~
~~vorher gleichsam~~ springt, mit gesammelter Wasserkraft, über die
Hindernisse zur /// hinweg; der Wandernde glaubt jeden Augenblick
seine Schritte gehemmt, daß er nicht mehr vorwärts könne: da ~~öffnet~~
~~sich begegnet~~ wird man ~~sich~~ mit einem Male in eine offene
anmuthige Stelle versetzt...
---Zu einer Mühle mitten auf einem Wiesen= und Feldplan – eine
abgeschlossene lieblich schauerliche Einsamkeit, überall von Bergen
umgeben, nur daß ~~man~~ eine schmale Aussicht gegen das Thal von
Pfronten noch offen steht, deren Mittelpunkt die Ruine Falkenstein
bildet.
Hier lagerte man sich unter einer ländlichen Laube und auf dem
Plane umher...

Versteckte Schätze aus der Schwedenzeit[34]

Die Großmutter erzählt, dass zur Schwedenzeit Pfarrer um
Pfronten Schätze in der Erde versteckt und starben dann an
der Pest, sodass niemand weiß, wo die Schätze liegen.

---

[34] Die folgende Sage ist auch veröffentlicht in Schwäbische Odyssee von
Ludwig Aurbacher, Memmingen1965, S. 67. Hier beginnt sie mit: „Bei
Pfronten am Fuße des Kienberges, wo man in das Achtal hineingeht, liegen
großmächtige Felsstücke, darunter ein Schatz verborgen." Wegen dieser
Einleitung wird diese Erzählung der Großmutter hier eingeordnet.

... „Was doch die Kinder in unseren Tagen so gescheid sind!" sagte die Großmutter, indem sie Fritzen beym Kopfe nahm. „Aber dies werdet ihr mir doch wohl glauben, sagte sie ~~Großmutter~~ daß unter diesen Steinen da Schätze verborgen liegen?" Die Knaben lachten. „Die Pfrontner wenigstens sagen's – fuhr sie fort – obwohl sie freylich selbst nicht so recht daran glauben wollte, zur Schwedenzeit, sagen sie, hätten mehrere Pfarrer der Umgebung ihr Zeug darunter versteckt: eine Kiste voll Goeld, eine Kiste voll Leinwand und eine Kiste voll „Didenem" Fleisch ~~sich in ihre Schätze hieher geflüchtet und unater diese Steinblöcke verborgen, nämlich Leinwand, Brod und Käslaibe und all ihr Geld.~~ Es wäre aber die Pest in's Land gekommen, daran sie alle gestorben; und so lägen denn die Schätze noch unter den Felsstücken. Wer sie vom Platz heben könne, der könne auch den Schatz haben, meinen sie."

Wanderung zur „Dürren Ach".

Die Familie macht eine Wanderung nach dem „Fall", eine Talenge durch welche die „dürre Ach" fliest.

... An einem der nächsten Nachmittage wollte die Familie einen Spaziergang nach dem „Fall" machen, eine Thal=Enge durch welche die „dürre Ach" in fortwährenden Cascaden sich ins weite Pfrontner=Thal ergießt, wo sie zuletzt im GeRölle versickert. Da der Weg dahin kurz und eben ist, so schließen sich auch die Großältern dem Zuge an, und die Caravane brach früh genug auf, ~~und~~ um den Weg recht gemächlich hin und her zu machen, und am Ziele wohl auch, bey mäßigen Erfrischungen, ein paar Stunden ausrasten zu können.
„Und da nun dorten in der stillen Einsamkeit – sagte der Vater – ...

83

Wanderung im Tal der Ache

… Indem man der <u>Ache</u> nach, in der Gebirgsschlucht weiter schreitet verändern sich allmälig die Sinnen und Ansichten der Gegend; es öffnet sich immer mehr der Hintergrund, ~~mit~~ *den der <u>Kaler</u> [Schönkahler] mit den Nebenbergen beschließt, und es zeigen sich mannigfach verschlungene Nebenschluchten und* ~~Krümmungen~~ *Engen, während dem rückblickenden Auge sich das Pfrontener=Thal immer mehr entzieht. <u>Minchen</u> bemerkte gegen die Großmutter, es müsse Einem, der allein in dieser Wildniß umher irre,…*

Heimgang

Es geht nicht klar hervor, wo die Familie gerade wandert. Es muss aber bei der „Ache", auf jeden Fall in einem Alpental gewesen sein. Aurbacher erwähnt hier, dass mit dem Wasser der Ache der fruchtbare Boden bewässert wird und dass hier Leute (Touristen?) unterwegs sind.

bey der <u>Achen,</u> bewässern den fruchtbaren Boden, und treiben die Gewerke der Menschen.-
Die Gegend trat in dem Momente um so schöner hervor, als gastliche Gruppen sich nach allen Wegen und Straßen ~~Seiten~~ *hin* ~~so~~ *bewegten, von der Kirche nach der Heimath einlenkend.*
„O wie so anmuthig ist doch dieses Alpenthal!" rief die Tante. Das Auge kann nicht satt werden, sich weidend zu ergehen zwischen diesen fetten Saaten und ~~die~~ *durstigen Triften* ~~und~~ *die ///haengen der Menschen entlang und wenn auch gesättigt, mag des zuletzt* ~~zu ergehend //und wohl mag es /// gesättigt zu butz.~~*-Entweder auf den lichten Zinnen jener Berge gen Süden ausrufend*

84

Vilstal

Aussicht in das untere Vilstal

Von einem günstigen Punkt aus blickt man in das Vilstal, nach Vils und Vilseck, und auf den Säuling.

~~Als die Gesellschaft wieder von ihrer kurzen Rast aufgebrochen und~~ ~~nun auf ihrem Gang zur Stelle gekommen,~~ *Man setzt den Weg fort, und kam ohne weitere Rast bis zu der Stelle, wo sich die Aussicht durch das untere Vilsthal eröffnet. Da both sich ihnen zu guter Letzt* ~~*ihnen*~~ *noch ein wunderliches Naturschauspiel dar. Die ganze Gegend lag* ~~*unten*~~ *leichthin verhüllt unter einem silbergrauen Wolkenschatten; im Vordergrund, am Eingange des Thals,* ~~*stand*~~ *zeigten sich gleich zwey Wächtern* ~~*vor dem*~~ *am Thore des Wunderthales, zwei Kirchthürme, die sich über die von Laub größtentheils umhüllten Dörfchen emporheben; von da aus schweifte das Auge das Thal* ~~*die*~~ *und die Berge entlang, deren Gewinde und Gewirre durch das Halbdunkel des Schattens sanft verschmolzen erschien* ~~*im Hintergrund endlich*~~ *während* ~~*über das städtchen Vils*~~ ~~*der*~~ *die Mauern von* <u>*Vils*</u> *und die Ruine* <u>*Vilseck*</u> *von einem silbernen Lichtblicke von oben beleuchtet sich darstellten; im Hintergrunde endlich, nahe an den Katarakten des Lechs, ruhte das Auge wohlgefällig auf dem,* ~~*des g*~~ *den ganzen Thalausgang erfüllenden buschigen Hügel, gleichsam als Vorwerk hingestellt* ~~*vor dem*~~ *gegen den Andrang der Fluthen. Aber indem man nun den* ~~*satten*~~ *Blick erhob, leuchtete mit majestätischem Glanze der mächtige* <u>*Säuling*</u> *am wolkenlosen Himmel und zeigte seine kühnen Formen in all ihrer Größe dem entzückten Auge, das sich nicht satt daran sehen konnte….*

Die Zaubererscheinung dauerte nur einige Minuten; dann sank sie, wie alles Schöne, allmählig zusammen, der mächtige Berg verhüllte sich, ~~*das Thal*~~ *der Schatten zog sich dichter über das schweigende*

Thal; und die Familie, beglückt noch durch diesen Abschiedsgruß der schönen Natur, ~~trat~~ lenkte im traulichen Zwielichte der Heimat zu.

Gespräche

In der „Ferienwohnung"

Bei schlechtem Wetter bleibt die Familie in ihrem
Feriendomizil. Der Großvater liest eine Geschichte von einem
Schulmann vor. Er weist darauf hin, dass er Fritz schon mit
vier Jahren unterrichtete und deshalb eine eigene Lernfibel
ersann.

Da sich das trübe Wetter nachmittags sogar zum Regen anzulassen
schien, so hielt sich die Familie zu Hause, in traulicher
Unterhaltung. Um jedoch in das Gespräch eine angenehme
Unterbrechung zu bringen, machte der Großvater den Antrag, er
wolle, da doch heute sein Kopf voll sey von Schul= und dahin
einschlägigen Sachen, eine kleine Geschichte von einem Schulmann
vorlesen, dessen Bild die anziehende Schilderung jenes ältern
Schullebens gewisser Maßen vervollständigen dürfte. – Ihr wißt,
fuhr er nach einer Pause fort, daß ich unserm Fritz, als er kaum ~~fünf~~
vier Jahre zählte, Untericht im ~~Schreiben und~~ *Lesen und Schreiben*
gab; *
denn es schien mir billig zu seyn, daß die Principien der Weisheit
von dem Oberhaupte der Familie, der <u>ich</u> bin, dem Enkel und
Urenkel mitgetheilt und eingeprägt werden. Ich trieb es lediglich als
Spiel mit ihm, und ich konnte es, da es hier zunächst nur um Übung
des Gehörs und Gesichts, um die Lösung der Zunge und die
Führung der Hand zu thun war. Nun mögt ihr euch noch erinnern,
daß ich zu diesem Behufe eine eigenthümliche Methode ausgedacht

Welche „pädagogische Methode" sich der Großvater
ausgedacht und welche Geschichte er vorlas, geht aus
Aurbachers Skriptum nicht direkt hervor. Aurbacher dürfte
hier wohl am ehesten an seine folgende Publikation gedacht

haben: Berlenburger Fibel oder Literarische Leiden und Freuden des Schulmeisters Mägerl, Müchen 1830
Es handelt sich im Folgenden um eine andere Version des oberen letzten Abschnitts, ab *.

... habe, um ihm durch das Schreiben das Lesen, und also beydes zugleich beyzubringen, und daß ich denn bey meinem Unterrichte weder die ältern Namenbüchlein noch die neuern Fibeln brauchen konnte. Ich erdachte mir darum eine ganz absonderliche Fibel, die ich Nummer für Nummer, schreibend und lesend, mit meinem ~~Kind~~ lehrbegierigen Kinde durchnahm, das denn auch reißende Fortschritte machte.

Fritz, sobald er hörte, daß von ihm die Rede war, näherte sich zutraulich dem ~~Vater~~ Großvater und indem er ~~ihm~~, wie er gern that, den Arm um den Nacken schlang und an seinen Lippen hing, fiel er ihm in die Rede und sagte: O ich weiß sie noch ganz auswendig: a e i o u au ni nu – ha he hi ho hu hau hei heu - -

„Sachte, sachte, lieber Freund! Sagte der Großvater. Ich werde mich auf das Zeugnis deines Gedächtnisses berufen, so bald ich dessen nöthig haben werde." Dann, sich wieder an die Übrigen wendend, fuhr er fort: „Wie denn jedem, auch noch so prosaischen Dinge irgendeine poetische Seite abzugewinnen ist, wodurch es das Gedankending, erst sein wahrhaftiges Daseyn und Leben für uns

Eduard und der Onkel sprechen über die Liebe

Eduard will mit dem Onkel, seinem Jugendfreund, über seine Liebesbeziehung zu Malchen sprechen, trifft ihn aber in der Früh' nicht an. Schließlich kommt es doch zu einer Begegnung. Eduard will von seinem Jugendfreund erfahren, wie er sich dem Malchen und deren Eltern gegenüber verhalten soll. Der Onkel empfiehlt ihm, zuerst mit Malchen die Angelegenheit zu regeln und dann mit den Eltern von Malchen zu sprechen.

Eduard, dessen Gemüth durch das Hindernis, sein Herz gegen die Geliebte zu erleichtern, sehr gedrückt sich fühlte, konnte den andern Tag kaum erwarten, welcher allen Anscheine nach besser sich anzulassen versprach. Er erwartete mit Recht, dass in der freyen Natur unter lustwandelnden Menschen mehr, als innerhalb der vier Mauern, eine Annähererung, eine Verständigung möglich seyn werde. Vor allem wünschte er jedoch zuerst den Onkel allein und unter vier Augen sprechen, um ihm, als seinen alten Schulfreund, zum Theilnehmer seines Geheimnisses, seiner Wünsche und Stegen zu machen. Dieser aber, so schien es, wich dem Freund geflissentlich aus, wohl aus dem allerdings wichtigen Grunde, dass in Herzenssachen die Dazwischenkunft eines Dritten meistens überflüssig, oder gar lästig und störend wirke. Und so vernahm denn Eduard zu seinem großen Mißvergnügen, als er des andern Morgens früh den Freund auf seinem Zimmer aufsuchen wollte, dass jener, wie er gewöhnlich zu thun pflegte, wohl bereits schon in der Gegend umher schweife, und erst spät zum Frühstück kommen werde...

... Das plötzliche Erscheinen des Freundes zu dieser ungewöhnlichen Zeit und an einem unbequemen Orte überraschte den Onkel anfangs; denn er hatte sich in seiner oft wandelbaren eigensinnigen Laune vorgenommen (wie wir schon gehört) jedes einsame

Zwiegespräch mit dem Freunde vorerst noch zu vermeiden, bis sich dessen Verhältniß zum Mädchen vollends entschieden hätte. Doch fasste er sich sogleich, und sagte, indem er die Blätter zusammenlegte: „Du kommst ja, wie gerufen! So eben habe ich mich mit dir beschäftigt." Eduard erröthete vor Freudigkeit des Herzens, sicher erwartend, es werde sogleich seine Angelegenheit zur vertraulichen Sprache kommen. Aber der Onkel, ~~fuhr fort~~

… ~~der dessen Auftrage~~ der der Grund der plötzlichen Aufregung sogleich durchschaute, nahm, um sie sogleich zu beschwichtigen, eine ernst=fraglich Miene, und, indem er die Blätter wieder entfaltete, fuhr er fort: Du erinnerst dich doch wohl unserer lebhaften Gespräche noch, die wir während so mancher abendlichen Stunden, wandelnd bey Mondschein und unter dem Sternenhimmel, in traulicher Unterhaltung gepflogen, als wir noch, kräftig= aufblühende, lebenslustige Jünglinge auf der Hohen Schule waren. Sie betrafen, nichts weniger;

… dass er nun einiger Maßen zur Rede stehen müsste, rief er: „Närrischer Mensch! wie kann denn ich das wissen? ~~kann ich die Liebesblicke in das stillsehende Herz sehen? Das geheime Girren der Liebe belauschen?~~

Der Onkel stand auf und ging: Eduard folgte: „Du kannst, du sollst das wissen, sagte dieser, indem er dessen Hand ergriff, du musst mir nun einmal zur Rede stehen; du bist es der Freundschaft, der Liebe schuldig! Sieh, ich möchte keinen vergeblichen Anlauf nehmen, ich möchte nicht zudringlich erscheinen, keine Verlegenheiten bereiten in der zartesten Sache: Ich möchte des Erfolgs einiger Maßen schon zum voraus gewiß seyn, ehe ich den ersten Schritt thu wage. Du kennst mich, meine Verhältnisse, meinen Charakter, du kennst das Malchen, ihre Neigungen, ihre Wünsche; du kennst die Hoffnung, die Aussichten, die ihre Ältern mit ihr haben. Du kannst mithin am besten Rath ertheilen, den Vermittler, den Schiedsrichter machen, wo es nöthig seyn dürfte."

Was doch die Leidenschaft, die Liebe beredt – aber auch blind ist,
sagte der Onkel lachend - ? ~~Sonderbahrer Mensch!~~ Wunderlicher
Kauz! Wozu denn all die Präambeln und Umständlichkeiten und
Vermittlungen, wo das löb=...
...einen ruhigen, geregelten und geordneten Haushalt zu führen?
Ziehe einmal eine Parallele zwischen mir und dir, ~~und unterscheide~~
du musterhaftester aller Ehestands=Candidaten und entscheide."
„Entscheide vielmehr du, rief Eduard, die glückliche Wendung des
Gespräches freudig ergreifend, ob du mich für fähig hältst ein
Mädchen, das holdseligste, ob ich deine liebenswürdige Nichte
glücklich zu machen, und ob ich überhaupt Hoffnung habe zum
Besitze ihrer unschätzbaren Hand?"
Der Onkel überrascht und in seinem eigenen Nutze gefangen, sah
den Freund mit großen Augen an; dann, wohl fühlend...
leichtes Werk auf die einfachste Art gethan werden kann? Bringst du
nur erst deine Sache mit Malchen ins Reine, und dann wenn ihr
eurer beyderseitigen Neigung und Liebe versichert seyd, so tretet hin
zu den Ältern, und traget eure Bitte vor, treu, offen und frey:
Wahrlich! ich denke, sie werden einen Mann, einen so excellenten
Burschen , wie du bist, die Hand ihres Kindes nicht verweigern, das
er glücklich machen kann und will. – Dann, nach einigem
Nachdenken, setzte er hinzu, und fuhr fort:
„Gelegenheitsmacherey...
Eduard drückte dem Freunde dankbar die Hand; er billigte und lobte
über die Maßen dessen Vorschlag, und versprach aufs Höchste – den
Scherz fortsetzend – dem strengen und doch lieben Zuchtmeister in
allen billigen Dingen gehorsam zu leisten.
Also ist es denn auch geschehen, wie die Freunde es verabredet und
vorausgesehen hatten.

Eduard und der Onkel sprechen über geistliche Neigungen

Eduard stellt bei seinem Jugendfreund, dem „Onkel", Veränderungen fest, die eine Neigung des Onkels zum geistlichen Stand zeigen.

... Eduard gab seine Rührung durch einen stummen, beyfälligen Druck der Hand seinem Freunde zu erkennen. Dann sprach er: „Es scheint mir überhaupt seit einiger Zeit eine wichtige Veränderung in deinem Innern vorgegangen zu seyn, und auch andere wollen es an dir bemerkt haben; dein Sinnen und Trachten, das sich sonst gern nach verschiedenen Seiten wandelbar hingewendet, bis zur Caprien, es kehrt sich, wie mich däucht, nunmehr fast zu strenge dem Ernste, ja dem Heiligen zu; und ich möchte nicht gut stehen – setzte er scherzend hinzu – dass du zuletzt gar noch dem geistlichen Stande dich widmest, oder doch ausschließlich geistlichen Studium dich hingibst und frommen Werken!" „Das macht, sagte der Onkel lächelnde, weil wir halt alle Jahre älter und gescheiter werden. Mit verklärten Augen den Freund anblickend, fragte er: „Und wäre denn diese Wahl gar so auffallend und meinem bisherigen Leben und Streben gar so unangemessen?" „Gewiß nicht! erwiederte Eduard wohlwollend; du gäbest uns nur den erfreulichen Beweis, dass du, was du so lange in Unruhe und in der Ferne gesucht, endlich gefunden habest – das Eine was dich vollends beruhigen und befriedigen kann."
„Ich gestehe dir gern als meinem ältesten und besten Freunde – sagte der Onkel in jenem weichen, warmen Tone, der sein Innerstes aussprach – ich gestehe dir gern, dass allerdings eine große Veränderung in mir vorgegangen, wohl wie ich zu Gott hoffe zu meinem Besten. Mein früheres Wankes, ja krankhaftes Wesen, meine von Extrem zu Extrem flatterndes Sinnen und Streben, es hat nun einiger Maßen Halt und Ruhe gefunden. Ich bin wenigstens zur Überzeugung gekommen, dass auf diesem Wege, auf diesen

Streifzügen einer ungebundenen Laune und Phantasie, kein Heil zu finden sey. Der Mensch muß einmahl einen Standpunkt, einen Mittelpunkt haben, von dem aus er die flüchtigen Erscheinungen überschauen, in dem Umkreis das Mannigfaltige mit klarem, offenem Blicke sich orientieren könne. Ohne diese Freyheit und Sicherheit der Anschauung und der davon abhängigen Gesinnungs= und Handlungsweise verfällt der Mensch in die leidigste Gebundenheit, in die Sklaverey seiner, von jedem Eindruck abhängigen Bauer, in die Bande des Satans....

Ihr habt mich schon auf der hohen Schule schlechtweg „den Dichter" genannt; ihr hättet mich eben so gut „Hans den Crämer" nennen können. Und wahrlich all mein damahliges und noch späteres Leben war ein Traum, ein verworrener, in allen, oft bizarren Gestaltungen umhertaumelnder Traum. Darum gelang mir auch das Mährchen am besten, das richtige, flüchtige, wie mein Leben selbst."

Wenn du so streng bis, <u>zu</u> streng gegen dich selbst – unterbrach Eduard -, so ~~sey doch gerecht~~ *werde doch nicht ungerecht gegen die Poesie, gegen eine Poesie."*

„Was meine Person anlangt, so liegt sie schon längst begraben in Bibliotheken; und sie ruhe in Frieden! Aber selbst die Poesie,

... seitdem ich ihre Gefahren erkannt, ihr auflösendes verflatterndes ~~Wesen~~ *entw//rrendes Wesen empfunden, sie widert mich an. Die Dichter wie deren vor unsern Augen*

... eine Unzahl umher flattert, es sind eben „Geister, die sich erst bilden wollen", von denen Göthe sagte: „Spinnenfuß und Krötenbauch. Und Flügelchen dem Wichtchen"[35] Zwar ein Thierchen gibt es nicht. Doch gibt es ein Gedichtchen. Im besten Falle ist ein solcher Junge ein „Knabe Lenker", der nur braucht „ein Schnippchen zu schlagen, dass es von Kleinoden glänzt und glitzert,

---

[35] Goethe, Wolfgang, Faust I, Walpurgisnacht oder Oberons und Titanias goldne Hochzeit

aber doch ein Schelme ist, der so viel verheißt, Und nur verleiht, was golden gleißt." [36]

Wo aber findet sich ein echter ~~Dichter? Wer und wann und wo er immer~~ ist Dichter? Wer unter ihnen, die da so heißen, erhebt sich zu einer höhern Weltanschauung? Wer wagt es, der Isis Schleyer zu lüften? Wer vermag von der Erda, deren Masse ihn hält, sich leichtbeflügelt bis zum dritten Himmel empor zu heben? Wer hat den Muth, dann auch zur Hölle hinab zu fahren, und wie dort die Wonnen der Seligen für die Qualen der Verdammten zu schmecken? Nur der ist mir ein Seher, ein Prophet, ein Evangelist, ein Dichter. Ich will, ich kann kein Dichter seyn."

---

[36] aus Goethe, Wolfgang: Faust II

Die Erzählung „Der Vogel Phönix"

... Versicherung, ~~das~~ daß er bereits schon, zur rechten Zeit vom Freunde in Kenntniß gesetzt, ~~worden sey ein~~ im Stande sey, bey guter Gelegenheit und auf erhaltenen Wink dem freundlichen Gesetze zu willfahren, begann die Mutter ihren Vortrag:

Der Vogel Phönix[37]

---

[37] Diese Erzählung ist publiziert in Sarreiter, Joseph (Hg.): Gesammelte Erzählungen – von Ludwig Aurbacher, Freiburg i.B. 1881, S. 212 - 219

95

Die Gemeinde [Pfronten] *(im Allgäu)*

Die Männer (Großvater, Vater und Eduard) beschließen, den Ortsvorsteher von Pfronten zu besuchen. Dieser wird als ehrwürdiger, fast blinder Greis mit großem Wissen im Kommunalen geschildert. Es kommt zu Gesprächen über die, kommunale Selbstverwaltung und das sittsame Leben auf dem Dorf gesprochen. Auf dem Rückweg unterhalten sich die Männer über das Gemeinwesen. Schließlich wird noch die Familie Osterrieder in Pfronten besucht. Eifrig wird hier das Thema „Kindererziehung" diskutiert. Aurbacher stellt dieses Thema auch in einer seiner Kurzerzählungen dar.[38] Am Ende der Gespräche tauchen auch die Mutter und die Tante noch auf.

Es ist anzunehmen, dass Sarreiter dieses Kapitel als eigene, selbständige Erzählung veröffentlichen wollte. Dies ergibt sich aus Änderungen im Manuskript durch eine fremde Hand. So werden die „Männer" in „die Bürgerschaft" umbenannt. Hier wird Sarreiters Änderung in (…) wiedergegeben. Aurbacher dürfte diesen Aufsatz als Teil des Jugendbüchleins gedacht haben. So nimmt er an wenigen Stellen auch Bezug auf andere Stellen in diesem Jugendbüchlein. So ist hier und an einer anderen Stelle dieses Jugendbüchleins die Herausstellung der sittsamen Pfrontner Jugend in der Kirche erwähnt.

Eines Morgens beschlossen die Männer (die Bürgerschaft), den „Hauptmann" zu besuchen – so nennt man im gemeinen Leben hiesigs Landes den Ortsvorsteher – Er [1842], als ein sehr verständiger und erfahrener, überhaupt merkwürdiger Mann

---

[38] Diese Erzählung lautet: „Probates Mittel, die Kinder gut zu erziehen" und findet sich im Volksbüchlein I. Vgl. hierzu Epple, Alois: Ludwig Aurbachers Märchen, Fabeln, Sagen und andere Erzählungen, Bd. 4, Türkheim 2014, 10.2.19, S. 33, 34

geschildert worden, bereits achtzig Jahre alt, und noch dazu seit zehn Jahren erblindet, versieht nun schon seit vierzig Jahren diese wichtige Stelle. Durch seine Besonnenheit und Klugheit, seine Thätigkeit und Redlichkeit, die er in verschiedenen, zum Theil für Ehre und Leben gefährlichen Zeitläufen vielfach erprobt hat, genießt er das volle Zutrauen seiner Gemeinde sowohl, als auch der landsherrlichen Obrigkeit. Das Ehrenzeichen, das ihm sein König verliehen, ist deß [dessen] Zeuge. Zwey Generationen sind vor seinen Augen vorbey gegangen und die dritte wächst vor ihm heran. Durch die mannigfaltige Praxis in den Geschäften und dem vieljährigen Umgang in allem gewandt und bekannt, weiß er seine Leute wohl zu unterscheiden und ihre Bedürfnisse und Eigenschaften zu würdigen, damit er jedem, so viel in seiner Befugnis liegt, zu Rath und zu That stehen möge. Die Gesetze des Landes so wie die Rechte seiner Gemeinde und ihre Observanzen kennt er so gut, wie die Besitzthümer im ~~Ganz~~ Einzelnen und im Ganzen ~~ob so das ihm die örthliche~~ die ihm so vollständig und lebendig, ~~als~~ wie auf einem Tableau vorschweben. Natürlich, daß ihm diese vielseitige Um= und Einsicht in den Angelegenheiten seiner Gemeinde auch ein Zutrauen auf sich selbst einflößt, welches manchem als an Eigensinn streifend erscheinen möchte, das aber lediglich auf einem edlen Selbstbewußtseyn beruht, und auf jener frommen Anhänglichkeit an das Alte, Ehrwürdige, deren sich kein Greis erwehren kann.

Als die Männer (der Schreiber) in die räumliche, übrigens einfache Stube eintraten, ~~lag~~ trafen sie (er) ihn auf dem Lotterbette neben dem Ofen liegend, vielleicht schlummernd. Sein beständiger Secretär, der gewöhnlich die Besuchenden empfängt und vorstellt, die einlaufenden Briefe ihm vorliest und seine ~~Dictate~~ Bescheide zu Papier bringt und fertigt, - ein Mädchen, sein „Thottle" – meldete die Gäste (den Fremden) dem alten, blinden Herrn, der sich alsogleich ~~aufrüchtete~~ vom Lager aufrichtete und die Gäste (den Gast) freundlich begrüßte. Nach einigen allgemeinen Bemerkungen lenkte sich das Gespräch sogleich auf die ~~ihm wegen~~ seiner Leitung anvertraute Gemeinde, ~~ihm~~ die Beschäftigungen und Gewerbe der Einwohner, ihre Sitten und Gebräuche, ihre Rechte und Gewohnheiten u. dgl. Über alles dieses wusste der treffliche Mann die besten Entschlüsse zu geben, und zwar in dem einfachsten, obgleich ~~gebildet~~ natürlich gebildeten Redevortrage. Man hatte auch die Freude, zu bemerken, dass er gern in diese Materien eingieng und mit ~~Vorbild.Neig~~... Vorneigung dabey verweilte, ein Beweis, wie sehr er in seinem //berdte leibte und lebte. Und so nachdem denn der Vater (Gast) keinen Anstand, ihn näher um die Rechtsverhältnisse der Gemeinde zu befragen und besonders ihn auch über den Streit=Punkt des Rechtshandels zu erforschen, der seit einigen Jahren schon die Pfrontner unter sich entzweyt, und zunächst gewisse Ansprüche betrifft, welche die Minder=Vermöglichen gegen die Vermöglichen in Betreff des Alpenbesuchs geltend machen wollen. In den Erklärungen, die der Alte ihm darüber gab, zeigte sich eben so viel Klarheit, als Gründlichkeit, dabey eine Rechtlichkeit und Unbefangenheit, als wenn er nicht eben auch ein Mitbetheiligter wäre, sondern ein unpartheyischer, besonnener Zuschauer, der Onkel (Erzähler), welcher gern in alten Schriften blätterte, nahm inzwischen Veranlassung, den Vorsteher um gelegenheitliche Einsicht in die alten Statuten des Orts zu ersuchen, von denen sich, wie er gehört, der Codex noch in dem Orts=Archiv befinde. Der gefällige Greis ~~erhob sich sogleich von seinem Sitze~~ erklärte, dass er dieses „Rechtsbuch" ~~in~~ in seinem eigenen Hause ~~verwahre~~ unter Verschluß halte, und er werde es dem Herrn sogleich vorlegen. Alsbald erhob er sich von seinem .Botter, und ~~ging~~ verließ, trotz allem Abmahnen ~~zur Thür hinaus über~~ die Stube, um in der ~~obern~~ Kammer das Document zu holen.

Der Onkel bemerkte inzwischen gegen die andern (Der Besucher gesteht offen), es habe ihn einiger Maßen der Vorwitz getrieben, dieß „göttliche Recht von Pfronten"- wie es wohl die Auswärtigen aus

Spott zu nennen beliebten – ~~näher~~ in Originali kennen zu lernen. Diese Achtung für alte Urkunden und Briefe, wie man sie noch häufig auf dem Lande antreffe, habe für ihn ~~etwa u~~ etwas Rührendes; denn es zeuge ~~zugleich~~ von der ferner Anhänglichkeit an das Alte und Herkömmliche, welches doch immer die Basis sey jeglichen Rechtszuständens und öffentlichen Glaubens. Wie stehe dagegen so manche städtische Gemeinde ~~gegen die eine solche Landgemeinde imm Nachtheile~~ welche doch eine geregeltere Administration sich erfreuen sollte; gegen eine solche Landgemeinde hierin in ~~politischer wie auch verabischer hinsicht im~~ Nachtheile! Er kenne eine Stadt die noch vor vierzig Jahren ein vollständiges, trefflich geordnetes Archiv hatte. Um einige hundert lumpige Gulden heraus zu schlagen, ~~wurde~~ sey aber das Gebäude ~~verkauft~~ versteigert, das Archiv in einen Stadtthurm hinein geworfen, und nachdem man es theilweise bestohlen ~~worden~~ zentnerweise, als Maculatur verkauft worden. Ist das nicht ~~barbarische~~ Vandalismus? – Aber ~~fuhr er fort~~ leider lebt ~~so wie~~ unser heutiges Volk nur so in den Tag hinein; es hat keine Vergangenheit und keine Zukunft, sondern nur eine Gegenwart, und diese nur zu flüchtigem Erwerb und eitlem Genuß.

Der eintretende Vorsteher ~~unterbrach den Onkel in dem Zug seiner geharnischten Rede~~ und überreichte ~~ihm~~ dem Gast das Buch mit der verbindlichen Äußerung: er könne es zwar, seinem Grundsatze gemäß, nicht außer ~~das~~ Haus lassen, aber es stehe hier dem Herrn jederzeit zu Diensten, falls er das selbe weiter benutzen wolle – der Onkel (Gast) fiel begierig über das Buch her. Es ist ein kleiner pergamentener Codex, der einige wenige Instrumente aus verschiedenen Zeiten und in wechselnder Schrift enthält. Die erste, wichtigste Urkunde, ungefähr aus dem Anfang des 15. Jahrhunderts sich datierend, bestimme die Rechte, welche die von „Pfronten" als freye Bauern, ihrer Obrigkeit ~~den Fürsten von Au.~~ den Fürst=Bischöfen von Augsburg gegenüber besäßen, so wie die Gränzen, welche zumal ihre Allmenden und Fluren nach allen Seiten hin hätten. Gleich im ersten Artikel heißt es: - der ~~Onkel~~ Gast *las laut vor, und der* ~~Ortsvorsteher~~ *Hauptmann, welcher aufmerksam zuhörte,* ~~wiederholte~~ *unterbrqach ihn oft, indem er die gelesenen Worte nachdrucksam wiederholte, oder recht gar die folgenden richtige anticipierte, zum Beweise, dass er sein „Rechtsbuch", wie seinen Katechismus, gar wohl kenne – „Niemand sol syn in güetern irren noch ingen in kain weg: mann jre guet freye guet sint; als sy dann ir vordern vß wilden wälden erreutt haben." Um ihr reines , treuyes Blut* ~~sind sie zu~~ *unvermischt zu erhalten, wurd bestimmt: „Es sol noch mag (ein Leibeigener) der von Pfronten trey eigen guet nit kauffen" Ihrem Fürsten geben sie nur eine jährliche geringe Abgabe, „die da heißt das Pfingstgelt."* ~~Außer dem leisten sie noch drey unerhebliche~~ *Was sonst noch von ihnen etwa verlangt würde, das könnte nur geschehen, „von bet, nicht von recht willen." Außer dem leisten sie noch jährlich drey unerhebliche dienste; „damit sullen* ~~heißt es in der Urkunde~~ *unsere güeter behuebt seyn." Indem man noch mit dem Vorlesen beschäftigt war, ließ sich ein Mann aus der Gemeinde melden, der mit dem Vorsteher zu sprechen habe. Er wurde eingelassen. Der bloße Anblick verrieth, dass er nicht mehr in nüchterem Zustande sey, und sein Vortrag, derb und herb, machte vollends einen widerlichen Eindruck. Der Hauptmann schien alle seine Fassung zusammen zu nehmen, um ihm kurz und trocken den Bescheid zu geben, und sie verließ ihn auch dann nicht, als der rohe Mensch –auf dessen* ~~Alter und blind~~ *wohlgemeinte Mahnung:* ~~Hat~~ *„Viel haben sey nicht, die Hauptsache sondern arbeiten und sparen, damit man das Wenige, was man habe, erhalte und wohl auch vermehre" – barsch erwiederte: Er (der Vorsteher) könne gut reden; und als er (auf dessen Alter und Blindheit anspielend) bemerkte: er dürfe Gott danken, dass er in seinem Zustand etwas habe, davon er zehret, und Jemanden, der ihm beyhelfe." Der Greis schwieg eine Weile; dann wiederholte er kürzlich seinen Bescheid, und gab* ~~ihm~~ *dem Manne sofort Urlaub. So unangenehm dieser Scene die Gäste (den Gast) berührte, so erwünscht war sie ihnen (ihm) zugleich, da sie ihnen Gelegenheit* *both, den würdigen den würdigen Mann in seiner Amtierung handelnd zu belauschen. Von der so eben angeschauten Erscheinung ausgehend, nahm der Großvater (Gast)* ~~das Wort, als würden ihm~~ *das Wort, und sprach zum Hauptmann gewandt: „Verzeihen Sie, würdiger Mann, aber ich kann wahrlich meine Verwunderung nicht unterdrücken, wie Sie bey Ihrem hohen Alter und in Ihrem Zustande ein Amt beybehalten mögen, das jedenfalls mit vielen und großen Beschwerlichkeiten, und mitunter auch mit nicht geringen Verdrießlichkeiten, verbunden ist". Der Hauptmann erwiederte: Was die Verdrießlichkeiten anbelangt, so lasse ich nicht leicht welche an mich kommen, am wenigsten solche, die mir rohe oder unverständige Leute bereiten möchten. Ich messe sie einfach nach dem Maßstabe, den sie mir in die Hand geben, und stelle sie eben dahin, wohin sie gehören; kann ich mir auf solche Weise keine Ruhe und Achtung verschaffen, nun, so habe ich Ansehen und Macht genug, um sie mit andern Mitteln zu erlangen. Doch sind dergleichen Menschen und Fälle nur wenige und seltene. Was aber die Beschwerlichkeiten betrifft, die mit diesem Amte verbunden sind, so kann ich sie noch ertragen, und ertrage sie auch gern. Ohne Arbeit möchte ich nicht seyn* ~~und in der gänlich// Einsamkeit bey meinem Zustande würde ich verkümmern~~ *so lang mir noch zu denken und zu athmen vergönnt ist; und in der völligen Einsamkeit bey meinem Zustande würde ich ohne Umgang und Zuspruch leicht verkümmern. Auch bin ich seit achzig Jahren, und besonders seit den letzten vierzig, so eng verwachsen mit meiner Gemeinde und ihren Angelegenheiten, daß ich mich wie einen abgehauenen Baumast betrachte und bedauern müßte, der keine Früchte mehr bringt. Dagegen erfrischt und verjüngt sich so mein Gemüth, so oft mich wackere Männer aus der Gemeinde heimsuchen, um sich Raths bey mit zu erhohlen, oder auch mir zu Rath und Hülfe zu stehen. Und so will ich denn als ein Ehrenmann, so lange auf meinem Posten bleiben, bis mich ein höherer Befehl abruft (Er starb i. J. 1842).*

Um dem würdigen Greis(e) mit ihrem (dem) Besuche nicht länger lästig zu fallen, nahmen die Männer (der Gast) Abschied, ~~das Vers~~ mit dem Versprechen – auch dessen dringende Einladung – ihn noch öfter in seiner Einsamkeit zu besuchen. ~~Auf der Rückkehr, die sie in einem weiteren Umwege nach irhem B/// nahmen~~ Auf dem Wegen nach der Behausung der Familie Osterried, ~~wofür, abgerdeter maßen, die Familie /// gegangen~~, unterhielten sich die Männer (der Gast) noch länger über das, was sie gesehen und gehört hatten. „Seht da – sagte der Vater (er sich) – eine wahrhaft patriarchalische Gemeinde! Diesen ehrwürdigen Greis an der Spitze der Verwaltung, umgeben von wackern, verständigen Männern, welche, von gleich guter Gesinnung belebt, ihm zum Beyrath und zur Beyhülfe dienen, ordnet und schaaret sich die ganze, große Gemeinde um die Wenigen – unter dem Banner der Gerechtigkeit und des alten Herkommens, zur Förderung des öffentlichen Wohlstandes und der allgemeinen Ordnung und Sittlichkeit! Glücklich der Staat, der noch viele solche Gemeinden zählt, wo alles nach Ort und Zeit, nach Verhältniß und Herkommen seinen gemessenen Gang geht, wo niemand in seinem Thun und Treiben geengt und ~~geregt~~ geirrt wird, der seinen rechten, geraden Weg einschlägt und wo, bey der herkömmlich herrschenden Zucht und Sitte, es keiner besondern ausdrücklichen Gesetze bedarf, die ohnehin im Leben gewöhnlich nur dann ihren Einfluß geltend machen, wenn gegen dieselben arg versündiget worden."
„Dergleichen geordnete Gemeinden, sagte der Großvater, waren ehedem in unsern Landen keine solche Seltenheiten wie dermahlen, wo sie beynahe nur noch als einzelne Muster, als Ausnahmen ~~aufzusuchen und auf~~ zu finden sind. Noch mit einer freylich von Wehmuth getrübten Freude erinnere ich mich des einfachen, altväterlichen Haushaltes in der Gemeinde meines Vaterortes (Türkheim) ~~Da war jedem Stande, jedem Alter, jedem Geschlechte seine Stelle angewiesen, auf der er sich jedoch, innerhalb seines Kreises gebaut, nach Freyheit bewegen konnte. Und wie sie in der~~

102

~~Kirche nach jenen Unterschieden gesondert sich schaarten, so auch~~
~~überall zumal bey öffentlichen~~
~~In den Wirthshäusern, z.B. durfte sich, außer an den wenigen~~
~~Tagen, welche im Ablauf des Jahres oder bey außerordentlichen~~
~~Veranlassungen kein lediger Bursche~~
Das Familien=Leben war da die Grundlage des öffentlichen Lebens. -
überall Unter= und Nebenordnung, und darum ein gemeinsames
~~Zu-~~ Beysammenwohnen und Zusammenwirken. Diese ~~Mitglieder~~
Hausordnung trugen ~~diesen Typus auch~~ die Mitglieder auch auf den
Markt, in die Kirche, zu jeder Versammlung über. Alles hielt sich da
nach Stand, Alter und Geschlecht gesondert, und jeder benahm sich
innerhalb der ihm gezogenen Gränzen in anständiger Freiheit. Diese
strenge Ordnung erstreckte sich bis auf die Kleidung, ihre Farbe und
ihren Zuschnitt; es wurde dadurch wohlweise die veränderliche
Mode abgehalten und der alles verschlingende Luxus. Öffentliche
Lustbarkeiten waren selten: an Kirchweihen, bey Märkten und
Hochzeiten, in der Fasnacht; da ward jedem Alter und Geschläckt
größere Freyheit gegönnt bey Schmauß und Tanz, aber noch immer
innerhalb der sittlichen und polizeylichen Ordnung. Die übrige
Zeiten des Jahres hindurch hielt man sich zu Hause innerhalb der
Familie, ~~bey~~ besonders an den Winter=Abenden, bey traulichen
„Heimgarten'" und in der märchenvollen „Spinnstube". Unter der
Arbeitswoche sah man selten jemanden im Wirthshause sitzen, ein
Paar Männer ausgenommen, die als Witwer und Pfründner, ihren
Abendtrunk in Gesellschaft genießen, oder über irgend ein
gemeinschaftliches Geschäft beym Glas Bier verhandeln wollten.
Aber selbst an Sonn= und Feyertagen ließ sich kein lediger Bursche
in der Wirthsstube erblicken, er wäre denn der Werkführer oder
sonst ein Haushäßiger gewesen; ihr Platz war, wenn sie nicht lieber
sich zu Hause gehalten, im Freyen, an der Kegelstätte, auf der Eis=
und Schlittbahn, auf dem Tummelplatz, wo sie sich mit Ringen und
Spielen unterhielten. So hörte man denn höchst selten von irgend
einem Raufhandel; andere Anordnungen, welche das Getränk oder

das Spiel herbey führen möchten, wurden früh genug vom Wirthe und den besonnenen Gästen unterdrückt; ~~der Hang zu~~ Mäßigung, Verschwendung, und dergleichen öffentliche Laster konnten ~~können Mittel und Wege finden~~ nirgendwo in der gesitteten Gemeinde aufkommen, so wenig als auf einem wohlbestellten Acker das Unkraut. So schwebt mir noch das Bild vor, welches sich mir von der Gemeinde meines Vaterorts in der Jugend eingeprägt hat. Als ich aber schon vor vielen Jahren wieder dahin gekommen, und mir ihren Haushalt näher betrachtet, fand ich alles ~~beide~~ anders und leider! das meiste schlimmer, - wie freylich wohl beynah überall!

„Weil es überall – fiel der Onkel lebhaft ein – an der Sittenzucht, an einer Erziehung in der Gemeinde fehlt! Wir haben ja freylich ganz vortreffliche Ordnungen, Ordnungen in Betreff der Sonntagsfeyer, Ordnungen für Lehrlinge und Dienstbothen, Ordnungen für Alle und Alles – und doch sehen wir nirgends keine Ordnung! Woher kommt's? Weil es überall im Vollzug fehlt, weil diejenigen, welche sie vollziehen sollten, nicht Ansehen und Macht ~~oder Eifer und Einsicht~~ genug besitzen, um dem Gesetze Geltung zu verschaffen. Was sind unsere Ortsvorsteher? Eben nur Mittelorgane, die an die Behörde Berichte erstatten, Befehle entgegen zu nehmen haben ~~(also nicht mehr und nichts wieder als Gerichtsboten als Zwischenträger, ohne Ansehen und Gewalt.)~~ Ehedem hießen und waren sie Hauptleute, Richter, Ammänner (Amtleute); im Namen lag schon ihre Würde und Macht angedeutet; kein Wunder, daß sie von den Guten geehrt, von den Bösen gefürchtet wurden, denn an die Starken schließen sich ~~aber~~ bald auch die Braven und Wackern an; und wo einmal in einer Gemeinde ein solcher, wenn auch kleiner Phalanx gerüstet, da steht, da getraut sich keine Frechheit mehr, ihr Haupt zu erheben."

„So viel steht freylich fest, bemerkte der Vater, daß ohne diese Erziehung in der Gemeinde jede andere, auch die häusliche und selbst die Erziehung durch die Schule und die Kirche nicht gedeihen kann. Da möge man der Jugend noch so gute Lehren predigen und

Moralien singen und sagen, - das böse Beyspiel, das sich frech auf freyer, offenen Straße zeigt, wird gar bald die frommen Züge verwischen, die in jenen wohltätigen Zuchtanstalten eingeprägt werden. Herrsche in einem Hause noch so viel Ordnung und Sitte, wache die fromme Mutter, der strenge Vater mit noch so großer Sorgfalt über ihre Kinder: sie können dieselben nimmermehr stellen gegen Ansteckung mitten in einer Gemeinde, wo die Sittenpest einmal Raum gewinnen. Aber so sehr man dies alles auch ~~die zumal durch und keine Aber so sehr man das auch alles~~ zugeben und bedauern muß; und ~~so sehr//tigt es für~~ wie unläugbar es ist, ~~den Staat erscheint~~ daß nur auf „soliden" Gemeinden, als eben so vielen Pfeilern ~~Pilastern~~ das Staatsgebäude sich auferbauen könne: so schwierig dürfte es seyn, Maß und Ziel fest zu setzen ~~und zu halten die Mittel und Wege auszufinden,zumal~~ wie, unbeschadet der angebornen Freyheit der Unterthanen einerseits, und der unveräußerlichen Autorität der Höhern Obrigkeit andererseits, den Vorständen der Gemeinde selbst mehr als das bloße Aufsichtsrecht einzuräumen, und ihnen richterliches Entscheidungs= und Bestrafungs=Recht zu gewähren sey. Man dürfte sich gar zu leicht auf dem Abweg zur Oligarchie verirren; die ~~mitten zu~~ wir das ehemalige Zunftwesen, mitten zwischen Unterthanen und Obrigkeit sich hinein werfend, ohne Schonung für iene, ohne Ehrung für diese, sich selbstständig und willkührlich gebahren würde zum Nachtheile des allgemeinen Besten."

„Die eitle Furcht vor möglichem Mißbrauch, erwiderte der Onkel, war von jeher das Hinderniß gegen die weisesten Maßregeln. Ich bin aber der Meinung, daß, wenn man einmal zur Erkenntniß gekommen, es könne nur auf diesem Einen Wege das Böse verhindert, das Gute gefördert werden: ~~könne in wohlen, so soll~~ derselbe ohne Bedenken eingeschlagen werden solle, mit dem beruhigenden Bewußtseyn, daß man ja wieder sogleich einlenken oder gar zurückbefördern können, falls man zu weit oder irre gegangen sey. Im Übrigen lasse man sich ja nicht in der öffentlichen,

wie in der Privat=Erziehung durch eine falsch verstandene Humanität verleiten! Die Ruthe muß immer in Aussicht gestellt, und, wenn's Noth thut, auch ohne Gnade angewendet werden. Die Menschenwürde leidet unter der Züchtigung des Fleisches nicht; vielmehr durch gewaltsame Unterdrückung der Gelüste ~~bekommt~~ gewinnt die, der Erstickung nahe, menschliche Vernunft erst wieder Luft, und damit ~~wieder~~ zu Athem und zu Kraft zu kommen.

„Du willst doch nicht, (Niemand wird wollen) erwiederte der Vater, daß die „Geige" und der „Stock und Block" sammt dem „Strohkranz", nebst andern entwürdigenden Straf=Instrumenten wieder aus der Rumpelkammer der ältern Polizey hervor geholt und angewendet werde?"

„Die kirchlichen Strafen, sagte der Onkel, möchte ich überall und immer entfernt wissen; die Kirche soll, wie eine fromme Mutter, stets nur belehrend, bittend und ermahnend, versöhnend und verzeihend wirken. Dagegen soll um so mehr der strenge Vater, der Staat, gegen alle wiederspenstigen, bockbeinigen und stockhaarigen Sünder Stock und Block anwenden, so wie gegen zänkische, widerballende, verleumderische Weiber die „Geige" ~~und gegen~~ oder auch bey lautmährigen, ärgerlichen Ehezwistigkeiten die „Doppelgeige". Es würde mich wahrlich Wunder nehmen, wenn diese Zauberinstrumente nicht mehr Wunder wirkten, so daß halsstarrige Burschen von nun an viel bieg= und schmiegsamer würden, und besonders zänkische Eheleute ungemein füg= und genügsam, falls sie, Gesicht gegen Gesicht gekehrt, sich tagelang aufmerksam in'sAuge fassen, und aus Einem Löffel, sich gegenseitig gewährend, essen müßten."

„Allerdings möchte ich die Anwendung solcher strengen Maßregeln für räthlich, ja nothwenig, finden bey Gemeinden, wo die sittliche Unordnung bereits einen hohen Grad erreicht hat – sagte der Großvater -; wie man denn auch in civilisierten Staaten manchmal zur Ergreifung der äußersten Maßregel genötigt wird: daß man nämlich aufrührerische Gemeinden und Provinzen an eine Art von

Kriegszustand ~~erklärt~~ *und gewisser Maßen außer dem Gesetze erkläret, in so lange bis wahre Sinnesänderung eingetreten und die Ordnung wieder die Oberhand erhalten. Jn geordneten Gemeinden aber, wo vielleicht nur einzelne Individuen sich hie und da Excesse erlauben, im Ganzen aber die gute Sitten und Gewohnheiten sich aufrecht erhalten, würden jene und ähnliche Zwangsmaßregeln, an sich schon entwürdigend, den Zweck einer weisen Volkserziehung verfehlen, der da ist: die* ~~Bürger~~ *Menschen zu freyen und frommen zu thätigen und nützliche Bürgern heran zu bilden. Wohl aber dürfen steter Auffrischung guter Sitten in der Gemeinde überhaupt gewisse andere Corrections-Mittel förderlich seyn, welche ich die positiven, die ermunternden nennen möchte, im Gegensatze zu jenen bestrafenden, bloß negativen, die zwar vielleicht einzelne böse Handlungen abhalten, aber nimmermehr gute Gesinnungen einzuflößen vermögen. Ein solches Correctivmittel ist z.B. in der hiesigen Gemeinde jene Auszeichnung* ~~für sittliche~~ *der* ~~erwachsenen~~ *Jünglinge und Mädchen, welche einen sittlich=reinen Rufes genießen: daß sie in der Kirche während des Gottesdienstes der Reihe nach die ersten Stühle einzunehmen gewürdigt werden.*[39] *Ein ähnliches, durch ein altes Herkommen geheiligtes, ist jenes andere, daß nur Mädchen, die eines unbescholtenen Rufes sind z.B. bey Hochzeiten, mit einem Kränzchen in den bloßen Haaren, und in weißen Schürzen* ~~resch~~ *„prangen" dürfen. Es sind dies eben nur Privilegien, Ehrenzeichen, die* ~~der Rechten R//dern~~ *jenen gebühren, der sich nicht freywillig des Rechtes begibt, und über dessen Entzug sich daher Niemand beklagen mag. Mehr noch aber wirkt in also geordneten Gemeinden das Beyspiel und der Gemeinsinn. Es mag z.B. irgend ein Säufer oder Spieler noch so viel Gelüste tragen nach dem Wirthshause mitten bey Tag und tief in die Nacht hinein! er findet eben keine Kumpanen, die ihm Gesellschaft leisten; und so* ~~weiter nimmt~~ *sieht er sich denn zur Arbeit gezwungen,* ~~sogar Roheit~~

---

[39] Dies wird auch im Kapitel „Kirchegang in Pfronten" oben geschildert!

aus Langeweile, und begibt sich zur Ruhe, vom Schlafe überwältigt.
Deshalb sind auch die hiesigen Wirthe sehr zu loben, daß sie, wie ich
höre, unter sich überein gekommen, erstlich jedem, der sich im
Trunke übernimmt, ferneres Getränk zu verweigern; zweytens in
keinem Falle Freynächte zu halten, sondern mit dem Schlage zwölf
Uhr Keller und Küche zu schließen, und die Musik zu entlassen.
Gegen solche Conspirationen wird der Staat sicherlich nichts
einzuwenden haben. Endlich, um irgendeinen überhand nehmenden
Unfug mit Einem Male ein Ende zu machen, mögen auch
ausnahmsweise, gewisse Strafen festgesetzt und im
Übertretungsfalle auch vollzogen werden. So sind die hiesigen
Pfarrgenossen, auf Anregung eines früheren Pfarrers ~~unter~~ und auf
Beystimmung des Ortsvorstandes unter sich überein gekommen,
daß, um alle Störung während der Predigt zu verhindern, ein jeder,
der zu spät kommt und die Kirche betritt, um einen halben Gulden
bestraft werden solle. Ich weis nicht, ob je die Behörde hirvon in
Kenntniß gesetzt worden sey; ich meine: kaum; denn es ist meines
Wissens, seitdem überhaupt kein Fall ~~nicht~~ vorgekommen, daß man
die Strafe anzuwenden genöthigt gewesen wäre; und wenn auch
etwa z.B. eine zu beschäftigte Hausmutter oder ein alter,
gebrechlicher Mann sich verspätet ~~und~~ die Kirche betreten würden,
nun! so entschuldigt das Gesetz der Billigkeit, und man ~~übersieht es~~
denkt sich: Einmal sey kein Mal! ~~Aber die Ruthe, die Ruthe, wie der~~
~~Onkel will, sie bleibt immer in Aussicht gestellt für fahrlässige und~~
~~mathwillige Übertreter.~~ „Und das mit Recht, sagte der Onkel
nachdrucksvoll – Und so bleibt denn mein Satz fest daß, will der
Staat Ordnung bringen in die Gemeinde und Ordnung erhalten, der
Vorstand als wahrer Richter und Amtmann auch mit Gewalt
ausgestatten werde, ohne welcher kein Ansehen behauptet, kein
Gesetz vollzogen werden kann; wobey ich gern zugeben will, daß er
unter der Vormundschaft der Behörde sich innerhalb der
bezeichneten ~~ihm die~~ die Grenzen dieser Gewalt genau ~~bezeichnet~~
halten, und für deren richtigen Gebrauch ~~von der Behörde~~

verantwortlich seyn müsse. – Sodann aber gehe ich noch weiter und verlange ~~will~~ noch mehreres für die sittliche Bewahrung der Gemein(d)e, wie ich sie mir denke: ich wünsche, daß unter dem Volke selbst Sittengerichte geduldet, wo sie noch bestehen, ferner erhalten, wo sie abgekommen, wieder eingeführt werden.

„Er will ein Vehme [Fehme]*, der Rasende" rief der Vater lachend.*

„Ja, eine Vehme, Du überkluger und überzarter Rechtsgelehrter! – erwiederte der Onkel – Eine Vehme in allen solchen sittlichen Fällen, wo euer blindes Auge nicht sehen, euer taubes Ohr nicht hören, eure lahme Hand nicht hinreichen kann oder will. Welche vortreffliche Wirkungen für Anstand und Sitte hatten ehedem z.B. jene Gerichte zu Fasnachten, wenn unter freyem Himmel, vor der versammelten Menge, mit allen Förmlichkeiten eines Gerichtshofs, die „Bäs Ann' alle die Thorheiten, Verkehrtheiten, Unanständigkeiten, alle die dummen und schlechten Streiche, die während des Jahres in der Gemeinde sich begeben, in einem ellenlangen, gereimten Anklage-Akt an's Licht gezogen und so „die Wahrheit unter Gelächter" verkündet wurde! ~~Oder meint ihr nicht, daß~~ Oder wie wohltätig für eheliche Eintracht wirkte – in anderen Gegenden – jener „Eh=Gaumer" dem die geheime Vehme, das Aufsicht=Warnung= und Strafrecht bey Ehezwistigkeiten ~~Vehme gegen alle Ehezwistig-keiten zumal wenn sie zu Haus~~ übertragen war! Lärmte nämlich in irgend einem Hause der böse Poltergeist zu laut und zu arg, so pochte der gute Geist, der wachsame, eines Abends warnend an die Fensterladen, und rief: der Tatte kommt! Wiederholte sich die ärgerliche Scene, so erschien er abermal, drohend: der Tatte kommt! Rumorte dessen ungeachtet der Kobold fort, so drang zu rechter Zeit der „Tatte" in Begleitung handrester Genien ins Haus, und sie arbeiteten so lange mit ihren Fäusten auf den schuldigen und störrischen Theil los, bis er sich zur Ruhe legte und das Beste für die Zukunft versprach. Das waren denn freglich handgreifliche Demonstrationen! Aber sagt: wenn jene sich nicht scheuten, sich

unter einander selbst abzuprügeln, warum sollten sie es nicht dulden, daß sie auch von andern durchgeprügelt würden?"

Unter diesen Gesprächn waren die Männer vor der Behausung ~~Osterrieds~~ angekommen. Noch an der Schwelle überraschte sie ein vierstimmiger Gesang, der aus der Wohnstube entgegenklang. ~~„Wo man singt, da weile ich gerne, sagte der Onkel, denn ich bin dann gewiß, daß Menschen guten Gemüths und fröhlichen Herzens da wohnen." „Das sind so die Unterhaltungen dieser Kinder, erklärte der Großvater, wenn sie an langen Winterabenden beysammen sitzen in ihrer traulichen Stube; denn keins will leben ohne das andere, und wie sie alle einander in die Hände arbeiten, so theilen sie auch mit einander Genuß und Vergnügen."~~ Als das Lied beendigt war - zwey ältere Schwestern hatten den Schleyer genommen denn sie wollten nicht stören -, traten sie in die geräumige Stube ein. Alle standen sogleich von ihren Sitzen auf und begrüßten jeden Einzelnen durch freundliche Handreichung,- der älteste an der Spitze, ein schöner, kräftiger Jüngling, dessen voller, langer, schwarzer Bart sonderlich absticht mit dem milden Auge und der ruhigen Miene seines Antlitzes; so dann die übrigen, so Jünglinge als Mädchen, der Reihe nach; ihrer zwölfe an der Zahl – ~~Als die Frauen mit den Kindern angekommen, waren sie eben aus Haus und Feld versammelt beym „Zwischenbröd"; und so hatten sie sich denn gern dem Ansinnen der vornehmen Gäste gefügt,~~ ein und das andere Lied so gut sie es ohne alle Noten= und sonstige Kunstkenntniß vermöchten, in vierstimmigem Satze vorzutragen. Sie wiederholten, auf Verlangen, in Gegenwart der Männer, das „Lied vom Alpsee", eine liebliche Dichtung des zu früh verstorbenen Fürsten H** die in jenen Gegenden in Aller Mund ist. Dann vertheilten sie sich, so ruhig wie sie gekommen, wieder an ihre Arbeiten. Nur der „Gebartete" blieb zurück und der Künstler, den sie bereits an seinen Werken hatten kennen gelernt. Jener führte die Gäste in seine mechanische Werkstätte, und wies ihnen ~~nach seiner~~ in schlichter, einfacher Weise, seine Instrumente, die er kunstreich fertigt. Dann

110

geleitete er sie in die Mühle, welche er, mit seinen Brüdern, ~~bloß da~~
ohne Autopsie, bloß durch den Anblick von Zeichnungen, nach
amerikanischer Weise construirt, vielmehr accommodirt hatte, und
die, wie man sich aus dem ~~mannigfach~~ bereiteten Mehl überzeugte,
vollkommen ihrem Zwecke entsprach. Endlich übernahm die Gäste
der Künstler, der sie in sein, neben dem väterlichen Hause neu
erbautes, noch nicht vollendetes Atelier führte. Es lagen und staden
und hingen da Zeichnungen, Statuen und Gemälde bunt
durcheinander, wie Wir eine thuliche reitzende Unordnung in den
Zimmern und im Atelier unsers Veteranan. E** zu sehen gewohnt
sind. Ein Ölgemälde des Künstlers, Madonna mit dem Kinde, zog
die Freunde besonders an; diese zarte Anmuth der jungfräulichen
Mutter und dieser holde Liebreitz des göttlichen Kindes entzückten.
~~Sie wollten den Onkel, der sich nahte, mit Ernst zurechtweisen, ihm~~
~~sey alles Armuthige zu weichlich, und alles Schöne zu weltlich",~~
~~bemerkte die Tante. „Da thut ihr mir schregendes Unrecht —~~
~~erwiederte der Onkel —, und das Gemälde näher ins Auge fassend,~~
~~sagte er: „In diesem Bilde, wahrlich! ist das Menschlich=Schöne~~
~~immer noch vom Göttlichen so durchdrungen undüberstrahlt, daß es~~
~~zugleich eines Wohlgefallen und fromme Andacht zu erwecken~~
~~vermag. Das ist aber meines Erachtens das höchste, es ist Alles, war~~
~~ich, nebst der Wahrheit, von Heiligenbildern von christlichen~~
~~Vorstellung überhaupt fordre"~~
Inzwischen war auch der Vater von der Kirche nach Hause
gekommen. Ein noch kräftiger Mann, genießt er, da er sich an seinen
Kindern arbeitende Hände genug geschaffen, wie ein Freyherr
„Muße in Würde", gehet als Oberhaupt der zahlreichen Familie, die
auch ohne sein Zuthun, Mahnen und Befehlen, das Rechte überall
und immer erwählend aus freyem Antriebe, ihm ganz nach Wunsch
und Willen lebt. Man wünschte ihm von Herzen Glück zu Kindern,
die ihm in seinem Alter so viele Ehre und Freude machten. „Nächst
Gott — erwiederte er bescheiden — hätten sie es wohl zumeist ihrer
seligen Mutter zu verdanken, welche durch Wort und Beyspiel,

111

durch Liebe und Geduld sie zu allem Guten, zur Arbeit und Ordnung streng angehalten, und vor allem Bösen treu bewahret habe. Sie ist nun seit einigen Jahren schon todt – fuhr er fort – Gott habe sie selig, und lohne ihr, was sie an mir und den Kindern gethan! – aber auch die Kinder sind inzwischen groß geworden; das Gute, Rechte hat in ihnen tüchtige Wurzel geschlagen, und so hoffe ich zu Gott, daß sie fortan das Rechte und Gute wählen und thun werden."

„Erlaubet mir doch die Eine Frage – sagte die Tante, sich zutraulich zu dem Alten wendend – welche Grundsätze befolgte denn eure selige Frau in der Erziehung ihrer vielen Kinder, daß sie alle, wie ich sehe, so groß und gesund und brav und tüchtig geworden?"[40] ~~*Nun – fragte die Tante – und welche Grundsätze befolgte denn eure selige Frau bey der Erziehung ihrer Kinder?*~~

„Grundsätze? – entgegnete der Alte – Erlaubet! ~~*was*~~ *Ich glaube kaum, daß sie gewußt habe, was Grundsätze seyen; wenigstens hat sie es nicht aus Büchern gelehrnet. Es war bey ihr alles, nur was man so nennt, Erfahrung. Sie pflegte zu sagen: Man dürfe nur sehen, wie es so viele andere Mütter machen, die ihre Kinder* <u>*verziehen,*</u> *und es eben anders machen damit man sie recht* <u>*erzieht.*</u>*"*

„Das war allerdings eine treffliche Methode" – meinte der Onkel. Zum Beyspiel – saget uns eine Beyspiel:

„Zum Beyspiel: Da war die Nachbarin A., welche nur ein einziges Kind hatte. Da sah man nun ein ewiges Hätscheln und „Tätscheln" und Schmeicheln und Füttern den ganzen Tag. Und alles ~~*das kleine Balg wurde geputzt, wie eine Docke, und immer gefüttert, wie ein „Wüselein" und überall gezeigt und zur Bwunderung; wie ein Engelein. Und alles dies*~~ *geschah aus purer, lauterer Liebe, wie sie es nannten, die Nachbarin. Was war die Folge? Daß der kleine Balg*

---

[40] Die gleiche Frage läßt Aurbacher in der Erzählung „Probates Mittel, die Kinder gut zu erziehen" im Volksbüchlein I stellen. Vgl. hierzu Epple, Alois: Ludwig Aurbachers Märchen, Fabeln, Sagen und andere Erzählungen, Bd. 4, Türkheim 2014, 10.2.19, S. 33, 34

launisch, mürrischund herrisch wurde und an Leib und Seel verkrüppelte. – Die Nachbarin B. machte es anders, aber um nichts besser. Sie zankte, sie schimpfte, sie strafte den ganzen Tag. Zucht muß seyn, sagte sie, und kein Streich ist verloren, außer der daneben geht. Aber was geschah? Ihre Kinder wurden ~~täglich mehr~~ *stockisch, heimtückisch und halfen sich, so gut es gehen mechte, mit Lug und Trug und Heucheley durch. – Da merkte denn nun meine selige Frau, daß weder das Eine noch das Andere gut sey, weder blinde Liebe ohne Zucht, noch strenge Zucht ohne Liebe und Nachsicht und Geduld. Was that sie? Sie* ~~zeigte immer erst für eine freundlichn Ernst~~ *war eben immer ernst und freundlich zugleich; erst in* ~~Winken und~~ *Worten, wo es sich um Gehorsam handelte; freundlich in Thaten, wo zu lehren, zu trösten, zu helfen war. Sie sagte oft, man dürfe den Kindern nicht zeigen, wie lieb man sie habe. Ihr Herz aber war doch voll Liebe, und ihr Auge wachte unabläßlich für ihre Kinder. Sie lobte und lohnte nie, außer wenn das Kind folgsam, aufmerksam sich zeigte; sie zankte und strafte aber auch nie, als wenn es Noth that, was jetzt nur äußerst selten geschah; beydes aber that sie mit aller Ruhe, so daß das Kind wahrnehmen mußte, es geschehe nicht aus Laune, weder guter noch böser, sondern aus mütterlicher Liebe. Das begriffen denn auch die Kleinen, denn es ist merkwürdig, welchen richtigen Sinn die Kinder haben für das* ~~Rechte und Un~~ *was recht oder unrecht ist, was sich ziemt oder nicht ziemt, was aus wahrer Liebe oder nur aus purer Laune geschieht, und ihre Gesinnung wendet sich darnach. Gegen mich z.B. hatten die lieben „Fratzen" schon nicht so viel Respekt, wie gegen die Mutter;* ~~und ich war doch der Vater und der Herr des hauses.~~ *Warum? Weil ich eben nur mit ihnen tändelte und liebelte in den Freystunden, oder weil ich, wenn sie mich in der Arbeit hinderten, mit ihnen zankte und haderte. Anfangs wollte es mich schier verdrießen, ich gestehe es, und ich wurde beynahe* ~~ordentlich~~ *eifersüchtig auf mein Weib; denn ich war ja doch der Vater und der Herr des Hauses. Aber, näher besehen, fand ich es ganz in der*

113

Ordnung; denn die Kinder waren ja den ganzen Tag um sie; sie pflegte und nährte dieselben, ~~unmittelbar~~ während ich nur von Ferne die Mittel herbey schaffte zur Nahrung und Kleidung. Ihre Liebe sahen und fühlten sie, aber nicht die meinige. Später freylich, wie sie zu Jahren und Verstand gekommen, sahen sie dieß alles wohl ein, und näherten sich mir mit Achtung und Zutrauen; aber auch ich hatte nun mehr den rechten, wahren ~~rehigen, Ernst liebevollen~~ Ernst gegen sie gewonnen, und behandelte sie, die Willfährigen, mit mehr Ruhe, fern von aller Tändeley und Zänkerey."

„Es ist mir dies alles – sagte der Vater – sehr erklärlich, wie einzelne und wenige Kinder bey einträchtiger Zucht von Seiten der Ältern, gut gehalten und erzogen werden können. Aber bey so vielen Kindern! Es sind die Temperamente verschieden; die Sorge theilt, die Mühe vermehrt sich; wie kann man da die gehörige Aufsicht haben, die nöthige Geduld behalten, Allen Alles seyn?"

„Das macht sich so von selbst! – sagte der Alte. Mein Weib hatte den Grundsatz - - „~~Also hatte sie doch einen Grundsatz" – fiel die Tante ein. „Sie hatte die Ansicht, die Meinung, fuhr er oder wie Ihr's eben nehmen wollt~~ — erwiderte der Alte – daß die Kinder sich ~~einander~~ selbst erziehen, eines das ander, die Hauptsache sey, sagte sie, daß die ersten gut erzogen werden. Die Kinder ~~sagte sie~~ seyen – Gott verzeih ihr den Ausdruck! – wie die Affen; was eins dem andern absehe, das ~~thut es und~~ ahmt es nach, ~~sieht es Böese, so thut es auch Boses~~ Gutes wie Böses. Nach und nach mache sich daraus eine Gewohnheit, eine Art Nothwendigkeit, und es wolle und könne nichts mehr anders werden, als was und wie es zu thun gelernt hat. Das Beyspiel thue das Meiste in der Erziehung, das Wort nur weniges, - ja nichts, wenn nicht das Ansehen nachhilfe."

„Aber gerade das Ansehen, - wendete die Tante (der Gast) ein - das fehlt ja bey so wechselseitiger Erziehung gänzlich. Kein Geschwister läßt sich von dem andern befehlen!"

„Das Ansehen der Ältern steht ja immer im Hintergrund, ermahnend, warnend, strafend. Und was das Befehlen anbelangt, so

114

ist es ja eben die Aufgabe, es dahin zu bringen, daß alles auch ohne Befehl an rechtem Ort, zu rechter Zeit und auf gute, willige Art gethan werde. Man muß die Kinder daran gewöhnen, daß sie aus Neigung, nicht bloß aus Furcht, gehorchen. Und Neigung hat doch ein Geschwister gegen das andre. Das ältere Mädchen, der ältere Knabe, sie sollten die Älternstelle an den jüngern vertreten; sie sollten, was wir Ältern nicht mehr vermöchten, sie bewachen, ~~sie an und aus~~ sie den ganzen Tag beschäftigen, mit ihnen spielen, sie zur Arbeit gewöhnen. Das könnte alles mit Liebe geschehen; denn Liebe erzeugt Liebe. War doch manchmal das Kleine störrisch, launisch, ungefügig, so wendete sich das Größere an die Ältern, welche vermittelnd, befehlend, bestrafend eintraten. Jedenfalls war das Größere für alles verantwortlich, was gegen die Ordnung geschah. So konnten denn die vielen Kinder, wie Drähte, die aus= und ineinander laufen, leicht bewegt und geleitet werden durch die Enden, die in unsern Händen lagen. Es ging leicht und ordentlich, wie in unserm Mühlwerk. -

Letzter Besuch in Steinach

Einen Tag vor Ende des Aufenthalts in der Sommerfrische besucht die Großfamilie einen Vetter in Steinach, den sie allein antreffen. Er wird als „Mächeler" geschildert. Fritz und Karl ernten Pflaumen in seinem Garten. Die anderen besichtigen Haus und Hof. Es kommt zu einem Gespräch, indem der Unterschied zwischen der Landwirtschaft im Ober- und im Unterland herausgearbeitet wird.

… Der letzte Besuch [der Großfamilie] *geschah bey einem Vetter in* <u>Steinach</u>, *der ihnen als ein verständiger und fleißiger Hauswirth geschildert worden. Sie trafen ihn allein zu Hause, am Tag beschäftigt mit kleinen ausbessernden Arbeiten, welche er, da er die verschiedenen Handwerksgriffe gar wohl kannte, in müssigen Stunden selbst vornahm. Nach der gewöhnlichen Begrüßung drückte er sein Bedauern aus, dass Weib und Kinder nicht zu Hause seyen; die Kinder seyen in der Schule, und das Weib mit dem Kleinsten auf dem Felde um* ~~zu krauten~~ *das Kraut „abzubläcken"; er, als der „unnützigste", setzte er scherzend hinzu, müsse „gomen"[41]. Sodann drückte an sein Bedauern aus, dass er der jungen Herrschaft nichts vorsetzen könne zum Imbiß, die Frau:[en] sperren alles ein, damit die vier= und zweyfüßigen Katzen nicht darüber kommen mögen; doch, wenns die Herrschaft erlaube, wolle er in dem Garten einige reife, frische Zwetschgen „brocken"; sie seyen zwar nicht so fein und süß, wie die Tyroler, aber doch gesund, und seine Kinder äßen sie gern. Fritz sagte zum Vater so laut, dass es der Landmann wohl hören möchte: sie beide, er und Karl, wollten den Mann gern der Mühe überheben und selbst auf den Baum steigen, und das beste auslesen. Diese Offenherzigkeit gefiel dem Vater; lächelnd wies er ihnen den Baum an, und, ehe er noch die Leiter geholt und angelegt,*

---

[41] Als Fußnote steht in Aurbachers Autograph: <u>*gomen, gaumen*</u>, *das Haus hüten*.

waren die Knaben schon kletternd auf den Baum gekommen. Die
Mädchen bothen und schickten sich an, das abgeschüttelte Obst
aufzufangen und aufzulesen.

Während die Kinder in dem Geschäfte, das so wenig mühet und so
viel lohnet begriffen waren, nahmen die Anderen auf das gefällige
Erbiethen des Wirthes, das Haus in Augenschein und besprachen
sich ausführlich über das Hauswesen und den Haushalt, wie er
besonders sich in dieser Gegend gestaltet.

Ein ländliches Haus, zumal in dieser Gegend, zerfällt auf die
natürlichste und einfachste Weise in zwey Hauptabtheilungen:
erstens in die Wohnung für die Menschen und zweytens in den Ort,
wo sich „Hab" (d.i. das Vieh), und sein „Guet" (das, was es ihm
abwirft) untergebracht wird; wozu noch etwa eine dritte
Fachabtheilung kommt, eine „Schupfen" oder eine „Stadel", worin
er seine „Fahrnisse" u.a.m. unterbringt. Das Hauptgelaß ist die
„Stuben", nebst dem daran stoßenden „Gaden"; durch den
„Hausgang" getrennt, wo zugleich die Stiegen, hier zum Keller, dort
in den obern Stock führet, folgt der Viehstall, als die nächste Obsorge
des Landmanns, dann der „Tennen" und zuletzt das „Heuviertel"
zur Aufbewahrung des Futters. In dem obern Stock befinden sich die
verschiedenen „Kammern" theils zu den Schlafstellen, theils zur
Aufbewahrung der trockenen Früchte und des tragbaren
Gerümpelwerks für Haus und Hof.

Indem nun die Gäste dies alles besichtigten, fanden sie, besonders die
Frauen, Veranlassung genug, in diesen ärmlichen Räumen und an
dem dürftigen Hausrath die Reinlichkeit und die Ordnung zu
rühmen, die überall und in allem ins Auge trat. „Ich zanke fraglich
oft,- sagte der Vetter - mit meiner lieben „Haus-Urschel" über das
ewige Wischen und Waschen und Räumen und Ordnen; aber sie hat
einmal ihre Freud daran, und sie mag wohl im Grunde Recht haben;
denn ist alles rein gehalten und fein bewahrt, so kann man´s -da
heißt es nun aber fraglich- fuhr der Landmann fort - erstens arbeiten,
zweytens : sparen. Was nun die Arbeit betrifft, so scheint es freylich,

117

~~dass wir hier oben so viel haken wie da oben zwar recht viele zu
thcun haben besonders muß im Sommer, wo das Vieh meist auf den
Alpen ist – es scheint auch nur so, denn~~ desto fleißiger und
ordentlicher muß alles geschehen. Wenn der Unterländer über seine
vielen Äcker mit dem Pflug gleichsam nur hinweg fährt ~~und seine
Wiesen nur leichthin bestellt mit wenigem Dünger~~ so müssen wir
hier oben, um mit Wenigem viel zu gewinnen, mit der ~~Hacke~~
„Haue" überall nachhelfen die Schollen zerschlagen und mit dem
Rechen zerreiben, das Unkraut ausreuten, den ganzen Acker so
sorgsam bestellen, wie einen Garten. Wenn jener seine Wiesen nur
mit wenigem Dünger begeilet und sie gleichsam sich selbsten
überlässt, so muß unser einer dagegen um theilweise eine dreyfache
Heuernte zu erzielen, den kostbaren Boden auch köstlich behandeln,
des Düngers viel und wohl gebrauchen, mit Odelwasser überall
nachhelfen, die Moos= und Griesstellen fruchtbar machen, alles
unnütze Gesträuch und Gewächs sorgfältig ausrotten. Wenn der
Unterländer endlich mit dem Getreide, das er baut, zu seiner
Nahrung wohl auslangt, und das Gemüse mit Ausnahme der
Krautes und der Erdäpfel [Kartoffel], in seinem geräumigen, wohl
gelegenen Hausgarten baut und beynahe nur der angenehmen
Abwechselung wegen genießt, so muß der Oberländer dagegen jene
gröbern und ähnliche Gemüsearten die ihm sein „Abendricht" geben
z.B. seine Bohnen, auf fern gelegnen Plätzen pflanzen und pflegen
die er auf seiner kleinen Feldung abzugewinnen hat. Bey allen diesen
Arbeiten sind die Weiber und die Kinder aber so sehr in Anspruch
genommen, als wie Männer; sie pflanzen und säen und jäten und
helfen überall bey, während uns Männern zunächst die gröbere
Arbeit überlassen bleibt, die uns aber noch genug zu schaffen macht.
Im Winter, der dem Unterländler beynahe zur Ruhezeit dient, oder
doch nur gemächliche Arbeit bey guter Kost verlangt, gibt es
ebenfalls vieles und schweres zu thun, besonders für und Männer.
Da ist vor allem das liebe Vieh zu hegen und zu pflegen, das größten
Theils von den Alpen wieder eingekehrt ist. Um die vielen Stücke

alle ordentlich und genugsam obwohl auch spärlich und mit aller möglichen Schonung des geringen Wintervorraths zu nähren, sodann sie alle und jegliches reinlich zu halten, was eine Hauptsache in der Wirthschaft ist, dazu braucht es viele Wachsamkeit, Ordnung und Mühe bey Tag und bey Nacht. Und obwohl dieß meistens nur Sache der Hausfrau und des weiblichen Gesindes ist, so muß doch der Mann überall das Auf- und Nachsehen haben und das Regiment führen. Der aber hat fraglich größten Theils draußen zu thun auf den Straßen und in die Wäldern, Tage und Wochen lang, Weiß Gott!; es ist kein Spaß bey Wind und Schnee, in Nässe und Kälte die warme Stube zu verlassen und durch Eismassen und Gehwinden sich durchzuarbeiten; seys mit dem Gespann auf offener ungebahnter Straße, oder gar in den Bergen mit der Holz-Axt bey weniger Nahrung und nur in ~~der Kleidung~~ dem „Häß" das man eben an=hat. Da „blangt" es Einem ja freylich wieder recht sehr nach der Heimat und seinen Leuten zurück und ist doppelt glücklich, wenn man am warmen Ofen seine Schindeln spalten kann zur Dachbedeckung oder als Darben zu den Gypsfäßlein.

(Die folgende Seite gehört wohl zu diesem Besuch in Steinach)

Man sitzt in einer Stube und der Vater ergreift das Wort.

… immer wieder gleich zur Hand nehmen, wenn man's braucht; auch dauert es länger, und sieht besser aus. ~~Sie~~ [wohl die Großmutter] ~~meint, ein Haus sollte immer so reinlich und ordentlich dastehen; wie die Hausfrau selbst; „alleweil" könne das freylich nicht seyn, aber wollen müsse man es; sonst gehe zuletzt alles in Schmutz unter.~~

Als man wieder in der Stube ~~angekommen~~ angelangt ~~und~~ Platz genommen, nahm der Vater das Wort um den verständigen Hauswirth weiter auszuforschen über den Nahrungs= und Betriebsstand der Bewohner. Er sagte: Wer …

... Als die Familie endlich Abschied nahm, konnte die Hausfrau nicht umhin, anzufragen, ob sie nicht ihren „Milch=Kasten" im Abgehen noch ansehen wollten. „Darauf sind wir Hausfrauen einmal stolz, ~~sagte sie und~~ als auf unsern Reichthum – sagte sie -; und uns sehen lasssen wollen wir doch alle gern!" Man gewahrte mit Vergnügen den stattlichen Vorrath an Schmalz, das, wie ein ergossenes Gold in den saubern ~~reinlichen~~ Kübeln verwahrt lag, und man ~~lobte~~ hatte wiederholte Gelegenheit, ein ungeheucheltes Lob auszusprechen über die ~~Saub~~ Reinlichkeit, ~~in~~ die an allen Gefäßen sichtbar war.

Mittagstisch

Die ganze Familie sitzt am Mittagstisch; auch die wieder genesene Tante, und ein „Gast". Die Tante unterhält sich mit einem Gast über Glück und Unglück. Nach dem Essen entfernt sich die Tante wieder und die Kinder gehen in die Kirche in die Christenlehr.

~~Bey Ti~~ Mittags bey Tische waren alle Familien=Mitglieder vereinigt; auch die Tante fehlte nicht. Sie schien von den Mühen und Sorgen, die sie am Krankenbett gehabt, etwas angegriffen. Gegen den Gast zeigte sie sich übrigens zuvorkommend, und entschuldigte sich ausdrücklich gegen ihn wegen ihres Außenbleibens. „Aber, sagte sie, wenn der Jammer um Hülfe ruft, da fällt jede andere Rücksicht hinweg. Und des Jammers und des Elends ~~ist~~ findet man leider überall genug, wenn man es eben aufsucht." Auf die Versicherung des Freundes, daß diese ihre Hingebung ihm alle Bewunderung ablocke, erwiederte sie bescheiden: „Sie dürfen mir darüber kein Compliment machen. Der Mensch, zumal das Weib, kann dem Instinct des Mitleids nicht widerstehen, und es liegt auch in diesem Wehe ein Wohl verborgen, das nur derjenige ahnen, begreifen kann, der es ~~empfun~~ selbst empfunden. Könnte ich Ihnen eine einzige

Hülfe suchende, dankbare Geberde des Unglücklichen, einen einzigen Blick des armen Kranken beschreiben, Sie müßten bekennen, es liege eine Seele, eine Seligkeit darin, wie sie im Menschenleben, unter Glücklichen, ein und nirgends befunden werden. ~~Ein Augenblickliches G. Ich habe in~~ *Man hat in solchen Augenblicken eine Ahnung von der Nähe Gottes, der aus jenen stummen Geberden unserer leidenden Mitmenschen mahnend, ermunternd, belohnend spricht."*

Nach der Mahlzeit, wo sie nur weniges genossen, entfernte sich die Tante wieder, um ihre Kranken zu besuchen. „Sie wird uns heute, und vielleicht morgen noch ~~Müh~~ *viele Mühe und Sorge machen, bis wir sie, die Erschöpfte, über den letzten Dornenweg hinweg gehoben, aber dann wird sie um so freundlicher zu uns, ihren* ~~Be~~ *ausharrenden Begleitern, danieder lächeln, und wir können ihr zufrieden nachsehen, im Bewußtseyn treu erfüllter Christenpflicht."*

… Inzwischen gab die Glocke das Zeichen zur Chirstenlehre, und also gleich erhoben sich die Kinder und, nachdem sie die Großmutter, ihrem „Tottln" tausendmal gedankt, und allen Gästen die Hände gereicht, traten sie alle, mit den Geschenken beladen, welche sie ihren Ältern und Geschwistern heimzubringen ~~hatten. Nach aufgehobener Tafel begab man sich ins Freye unter die mächtige Linde, die hinter dem Hause auf einem Plaze steht. „Hier ist gar behaglich unter dem grünen Dache, sagte der Großvater.~~

Dann, nachdem die Großmutter jedem Kinde ein Stück vorgelegt, vertheilte sie das Übrige auf Tellern, dass die Gäste wie es bey Kirchweihen und Hochzeiten üblich ist, etwas nach Hause zu bringen hätten, für ihre Ältern und Geschwister. „Nun aber, sagte die Großmutter zu den Kindern, nachdem ihr gesättigt seyd, so mögt ihr auch ein und das ander Gesänglein erschallen lassen, ~~so gut~~ *den hohen Gästen zu Ehren und Freuden. Das thaten sie dann, so gut sie es vermöchten – z.B. das Lied ~~vom Alpsommer~~: „Zu München in der Königsstadt" –*

Ein Dorfspaziergang

Anscheinend geht die Familie durch ein Dorf und hört, wie in den Häusern gesungen und vorgelesen wird. Dem schließt sich eine kurze Meditation darüber an, wie sich Religion im täglichen Leben ausdrücken soll.

... aus dieser oder jener dustern Stube vernahm man wol auch heischere Stimmen derer, die ein geistliches Lied vor sich hinsangen oder aus einem erbaulichen Buche sich vorlasen. – Nun wollen wir zwar~ jed wie billig, jedermann bey ferner Art und Weise lassen, wie er sich selbst erbauen und Gott verehren mag, ohne ihn deßhalb zu tadeln oder zu stören; aber nahe liegt doch der Gedanke, daß der Tag, an dem die „fröhliche Bothschaft" den Gläubigen gebracht wird, auch in Fröhlichkeit des Herzens zugebracht werde - fraglich „in dem Herrn", wie der Apostel mahnt; und es sagt ein Religions= Bekenntniß zwar, /// dem Bedürfniß da der menschlichen Natur mehr zu, als diejenige, *welches die Christen lediglich zu* Büßern *Sündern und die Kirche zu einer Bußanstalt mißgestalten möchte, sicherlich dem Bedürfnisse der menschlichen Natur weniger zu als jenes andere, welches das Sinnliche und Weltliche eben nicht in grellem Gegensatz betrachtet und behandelt zu dem Geistigen und Geistlichen, sondern welches vielmehr zwischen beyde Element vermittelnd eintritt, und jenes durch dieses zu läutern und zu veredeln sucht...*

Thematisch passt folgendes Kapitel in diesen Zusammenhang: Der Großvater beschreibt die Allgäuer Dörfer und ihre Bewohner. Man versteht sie nur, wenn man ihren kirchlichen und sittlichen Charakter kennt.

„Ähnliche Beobachungen kann man überall im Gebirge machen, sagte der Großvater. In allen sonst noch so ärmlichen Dörfern finden wir reinliche, hübsche Kirchen, darin manches Meistergemälde zu sehen, hohe, spitze, zierliche Thürme, die das Gotteshaus schon von ferne bezeichnen, reines starkes Geläute, welches weit hinaus in die Gegend erschallt; zu dem an den Wegen und Stegen überall Kapellchen, Kreuze und Heiligenbilder, welche die Vorübergehenden zur Andacht ermahnen, zur Rast einladen; an den Wohnungen selbst fromme sittliche Sprüche oder sonstige Gegenstände öffentlicher Verehrung, so daß da bey jedem Schitt und Tritt der Mensch an das Ewige, an das Göttliche erinnert wird. Es läßt sich diese Erscheinung wohl nicht die Associationen auf erligistem Grunde sich erbaut haben, und die Kirche überall im Staate vorangegangen sey in der Cultur des Bodens, wie des Volkes. Darum versteht auch derjenige, ~~wahrlich nicht den Charakter des Volkes selbst zu~~ welcher diesen kirchlich= religiösen Typus übersieht wahrlich nicht den Charakter des Volkes selbst der, von Anbeginn an ~~demselben~~ so deutlich eingeprägt, ~~und~~ ungeachtet des Wechsels der Zeiten und Sitten, überall noch sichtbare Spuren darbiethet. Darum versteht auch derjenige, ~~wahrlich nicht den Charakter des Volkes selbst zu~~ welcher diesen kirchlich= religiösen Typus übersieht wahrlich nicht den Charakter des Volkes selbst der, von Anbeginn an ~~demselben~~ so deutlich eingeprägt, ~~und~~ ungeachtet des Wechsels der Zeiten und Sitten, überall noch sichtbare Spuren darbiethet. Ähnliche Beobachtungen kann man überall im Gebirge machen, sagte der Großvater. In allen sonst noch so ärmlichen Dörfern finden wir redliche, hübsche Kirchen, darin manches Meister...

Auch folgendes Kapitel passt thematisch hierhin.

... verweilen oder, wie träumend dort über die mahlerischen Hügel
fern hinaus schweifen in die unendliche Weite. "
„Und bemerkt zugleich, sagte der Onkel, wie die Menschenkinder
hier sich so behaglich und freundlich zusammen gethan haben –
gerade so fern auseinander gerückt, daß sie sich nicht des holden
Lichtes und der frischen Luft berauben, wie wir in unsern Städten. -
und doch wiederum, so nahe an einander ~~gelagert~~ *gericht, daß sie*
immer und überall zu nachbarlicher Hälfte und geselliger Freude
sich bequem und bereit finden. "
„Noch wichtiger ist die Bemerkung, sagte der Vater, daß sich all jene
~~Hä~~ *Wohnungen der Menschen, die* ~~Weiler~~ *nahen und fernen Weiler*
und Dörfer um diesen einen „Berg", darauf das „Haus Gottes"
steht, demüthig und einträchtiglich herum lagern. Drängt sich da
dem Beschauer nicht sogleich der „religiöse Charakter" auf, der hier
~~zuweil Hunderte~~ *vor undenklichen Zeiten so viele Hunderte zu einer*
Gemeinde versammelt, und sie alle um den „Tempel", wie dort die
Kinder um den göttlichen Menschenfreund, geschaart hat? Und
finden wir ~~hier~~ *nicht* ~~nicht die~~ *bey der Anschauung dieser „Pfarrey"*
die historische Thatsache augenscheinlich bestätigt, daß in der
christlichen Vorzeit...

~~Indem man nun so in vertraulichen Gesprächen sich eine geraume~~
~~Weile ergangen, wobey die Unterhaltung zuletzt sich doch zu~~
~~erschöpfen schien, ward der Onkel an seine, erst noch gestern~~
~~angeregte Erzählung erinnert, und dieselbe mitzutheilen~~
~~aufgefordert. Dieser wollte zwar anfangs Eduarden den Vorzug der~~
~~Ehre lassen, als welcher doch, wie es seinem Portfeuille angesehen,~~
~~schwer geladen sey auf die Bemerkung jedoch, daß man, noch voll~~
~~der Erinnerungen vom gestrigen Tage an klösterliche~~

Sagen aus dem Allgäu[42]

Sagen aus dem Allgäu[43]

Der Schaidbachmann[44]

… Wohl sehr wunderlich und unheimlich zu Muthe seyn Freylich!
- erwiederte die Großmutter – und es fliehet wohl jeder, der kann des
Nachts aus dieser schauerlichen Gegend, und sucht das Freye, denn
auf diesen Bergen und in diesen Engen hausen viele „wilde
Männer" die den Leuten alles Herzenleid anthun. So ist einer auf
dem <u>Bärenmoos</u> dort, droben, ein gar arglistiger Geist. Man sagt: er
habe zu seinen Lebzeiten mit einem seiner Freunde einen Handel
gehabt wegen einer Wiese, und habe deßhalb einen falschen Eid
geschworen. Nach seinem Tode nun, da er noch keine Ruhe gegeben
und besonders seine Freund verfolgt, habe ihn ein Kapuziner in
einem verschloßene „Fläschen" in's <u>Bauermoos</u> hinauf getragen. Seit
der Zeit bleibt zu Nachts kein Mensch mehr in der Nähe und man
treibt sogar das Vieh hinweg, damit ihm der Geist nicht schaden
könne.
Fritz sah seine Geschwister spöttisch=lächelnd an, gleichsam als
wollte er sagen. So etwas glauben <u>wir</u> nicht!

---

[42] Aurbachers Sage „Wie eine schlaue Bäuerin die Roßhändler foppte" spielt
in Pfronten und ist veröffentlicht in: Schwäbische Odyssee von Ludwig
Aurbacher, Memmingen 1965, S. 72, 73. Wahrscheinlich war sie auch für
dieses Jugedbüchlein gedacht.
[43] Wohl von Sarreiter wurde ein eigenes Blatt mit dieser Beschriftung eingefügt.
Vielleicht wollte Sarreiter Aurbachers verstreute Sagen aus dem Allgäu in einem
Büchlein zusammenfassen.
[44] Diese Sage ist auch veröffnetlicht in: Schwäbische Odyssee von Ludwig
Aurbacher, Memmingen 1965, S. 68, 69Diese Sage vom Schaidbachmann
findet sich auch in Schöppner, Alexander: Sagenbuch der Bayerischen Lande,
1. Band, München 1852 Sie findet sich auch in K. A. Reisers "Sagen,
Gebräuche und Sprichwörter des Allgäus", Kempten 1902

Die Großmutter, welche die Geberde nicht zu bemerken schien, fuhr
fort: „So hat auch der <u>Schaidbach=Mann</u> *viel Übles gestiftet, wo ihm*
ein ~~Christen~~ *Mensch ist in die Nähe gekommen, und er ist ein gar*
heimtückischer Geist. Höret nur! Eines Tags gehen mehrere
„Buben" in's Holz auf den <u>Schnaidbach.</u> *Spät abends als sie nun*
zusammen kommen in einer Heuhütte, um da zu übernachten, hören
sie auf einmal: Juhe! Scherzen. Die „Buben" wie sie eben sind,
antworten sogleich mit einem „Juchezer". Da rappelt's plötzlich über
ihren Köpfen, als wenn ein Haufen Steine über das Dach
ausgeschüttet werde. Jetzt sind die drinnen in der Hütte freylich
nicht wenig verschrocken, und haben kein Wörtlein gesagt, sondern
sind „mäusle=still" gewesen. Da ruft der Geist von außen: Gebt mir
nur ein Härlein heraus von eurem Haar, so habe ich euch! Das haben
sie aber wohl bleiben lassen."

„Großmutter gelt. Du glaubst selbst nicht dran, an solche
Geschichten!" sagte Fritz. „Muß ich denn nicht – erwiederte die
Großmutter -, da sie von alten Leuten erzählt worden sind, die wohl
davon haben wissen können! Seit vielen, vielen Jahren aber ist's
ruhig geworden mit den „wilden Männern", denn, wie man sagt, so
hat sie der Papst Pius VI. [1717, 1775 – 1799] als er [1782] in diese
Gegend gekommen, „verbethet." Andere sagen: es habe sie Kaiser
Joseph II. [1741, 1765 – 1790] auf immer gebannt. Ich meines Theils
kann nicht sagen, wer Recht habe."

… Der Großvater nahm das Wort, und sagte: „Was da die
Großmutter alles erzählt, es sind eben Sagen, Mähren, ~~die /// einige~~
welche seit undenklichen Zeiten in dem Munde des Volkes fortleben.
Ohne eingethümliche historische Veranlassung ist wohl ~~viele ja~~
keine; viele ja die meisten tragen überdieß irgend einen tiefern,
sittlichen und religiösen Sinn in sich, und sie haben darum ein
doppeltes wohlbegründetes Recht fortzuleben in dem Gedächtniß
und dem Gemüthe der Menschen. So hat z.B. das „Härlein", welches
der <u>Schaidbachmann</u> *verlangt, eine gar gute, sittliche Bedeutung,*

wer muthwilliger Weise, auch im Kleinsten, dem Rufe, dem Zuge
des Bösen folgt, der hat sich für's erste in dessen Gewalt gegeben, der
bloße Gedanke erregt die Begierde, die Begierde wächst zur Neigung,
die Neigung gebiert die That, die That bahnt zum Laster, und das
Laster führt zum Verderben." NB! Aebte!! ⁴⁵
Die Aebte Novelle in ihren Grundlagen auf die Sage erbaut, welche
v. Hormayr in seinem Archiv für Geschichte⁴⁶ 1822 pg 769
mitgetheilt hat für [Franz Anton] Simnacher, Beitrag zur Geschichte
der bischöflichen Kirche Säben und Brixen in Tirol Bd III pg 161

Burgberg und Sonthofen

Eduards Urlaubsende, Besuch in Burgberg

Eduards Urlaub neigt sich dem Ende. Er hält bei den Eltern
um die Hand ihrer Tochter an. Näheres wird bei einem Besuch
in Burgberg, wo Eduard wohnt und arbeitet, besprochen.
Also begibt sich die Familie dorthin: einige über Nesselwang
und Wertach, andere durch das Vils- und Thanheimer Tal
nach Hindelang⁴⁷.

---

⁴⁵ Nach dieser Darstellung sollte an dieser Stelle ein Familienmitglied die
Novelle „Die Aebte" erzählen. Die Rahmenhandlung hierzu fehlt. Diese
Novelle nach Aurbacher wurde in „Charitas, Festgabe für 1842 von Eduard
von Schenk" veröffentlicht und später auch von Joseph Sarreiter in
„Gesammelte Erzählungen von Ludwig Aurbacher", Freiburg 1881
⁴⁶ Der vollkommene Titel lautet: Archiv für Geschichte, Statistik, Literatur und
Kunst, Wien 1823 - 1828
⁴⁷ In „Schwäbische Odysee von Ludwig Aurbacher", Memmingen 1985,
finden einige Sagen aus Hindelang; vielleicht plante Aurbacher, diese in
diesem Jugendbüchlein zu veröffentlichen.

Eduards Urlaub war nach ein paar Tagen abgelaufen. Noch am Abend vor seiner Abreise trat er mit seiner Erklärung hervor, indem er an die Ältern [Eltern] um die Hand ihrer Tochter feyerliche Bitte stellte. Da ~~die Ältern schon~~ *nun diese durch die Beobachtungen welche sie unverholen machen konnten, darauf schon vorbereitet waren, so konnten sie sogleich unbefangen dem Bittenden entgegenkommen, und ihn ihrer herzlichen Einwilligung versichern. Das Weitere zu bereden und zu beschließen, wollten sie einer andern Zeit vorbehalten, wozu am besten vielleicht Gelegenheit seyn würde, wenn sie - worum er sie gebethen und worin sie schon gewilligt, - noch vor ihrer Rückreise in den nächsten Tagen ihren Besuch in* <u>Burgberg</u> *bey Gelegenheit des jährlichen Marktes und Volksfestes ihm abstatten würden.*

Dem ist auch so geschehen. Die Familie brach an dem bestimmten Tage dahin auf, die Ältern zu Wagen über <u>Nesselwang</u> *und* <u>Wertach</u>, *der Onkel mit den Kindern zu Fuß, das obere* <u>Vilsthal</u> *entlang ins* <u>Thanheimer</u> *Thal über das Joch nach* <u>Hindelang</u>. *An dem Vorabend des Hl. Kreuztags[48] trafen beyde Partheyen*

Als letztes Kapitel in diesem Büchlein war wohl vorgesehen:

Ausflug nach Burgberg und Sonthofen – Rückkehr nach München,

wie es auf einem Manuskriptblatt Aurbachers seht.

---

[48] Unter „Kreuztag" kann man verstehen „Kreuzauffindung" oder „Kreuzerhöhung". Nach Adelungens „grammatisch-kritisches Wörterbuch der Hochdeutschen Mundart", welche Aurbacher kannte, handelt es sich hier jedoch wohl um die drei Tage vor Christi Himmelfahrt.

Almabtrieb bei und in Sonthofen

An einem Septembermorgen steigt die Familie auf den Kalvarienberg[49] bei Sonthofen und betrachtet von hier aus die Landschaft.

[Hier fehlt der Übergang, wohl eine Manuskriptseite.]

Almabtrieb aus dem Hintersteiner Tal, teils nach Sonthofen zum Verkauf oder zur Rückgabe an die Besitzer. Es kommen auch Viehhändler aus Italien und der Schweiz. Auf dem Marktplatz wird auch gleich Recht gesprochen.

Am nächsten Tag macht die Großfamilie eine Exkursion nach Obersdorf. Am Abend kehrte man über Immenstadt nach Burgberg, wo man sich anscheinend für wenige Tage einquartiert hatte, zurück.

Nachdem also ein paar glückliche Tage, besonders für die Verlobten vorbei waren, kehrte man mit dem Zug über Kempten und Kaufbeuren nach München zurück.

Es war einer der schönsten heitersten September=Morgen, wie man sie nur im Gebirge sehen kann, als die Familie des andern Tags den sogenannten „Calvari=Berg" bestieg, einen kleinen Hügel ist nordöstlich von Sonthofen, um von diesem Punkte aus das bunte Marktgewimmel, das sich auf der dem untenliegenden weiten Wiesenplan zu entwickeln und zu verdichten anfing ungehindert und ungestört betrachten zu können. Der Ausblick in das weite und lange Thal ist entzückend. Von dem freundlichen Städtchen Immenstadt an, gegenüber von dem Markte Sonthofen, zieht sich ein hohes Waldgebirge hin an die drey Stunden bis nach Obersdorf, hinter dessen Thal sich die Riesen des Ober=Lechthals, erhaben und im Hintergrunde der majestätische Hochvogel, sich erheben. Inzwischen lagert sich in der Niederung, die Iller entlang, ein

---

[49] Der Kalvarienberg in Sonthofen ist auch in Aurbachers „Abenteuer des Spiegelschwab" erwähnt.

fruchtbares ~~Gelände~~ *Wiesen- und Acker=Gelände, in welche* ~~sich~~ *die wohlhabenden Dörfer umher sich getheilt haben. Wohin das Auge schweift, es erblickt hier* ~~großartige~~ *grandiose* ~~Gestalten~~ *dort anmuthige Gestalten von mannigfaltiger Art die sich* ~~zu gar~~ *gar lieblich zu Einem großen Ganzen vereinigen.*

[…]

… hier zusammen, ~~und~~ *um die Niederfahrt des Viehes von den Alpen, das zu mehreren Tausende an der Zahl* ~~die alle~~ *aus der* Hintersteiner *Schlucht hervorkommt, mit anzusehen. Es ist da eine Menge Volks versammelt, um ihr „Habe" sogleich zu empfangen, und nach dem heimathlichen Stalle zu treiben. Der Anblick hat etwas Rührendes, da* ~~die das~~ *jedes* ~~Vieh~~ *Thier sogleich seinen Eigner erkennt und ihm willig folgt, während dieser seine Freude verräth über das sichtbare Gedeihen desselben. Das ganze schöne, idyllische Thal entlang erschallt nun* ~~aus dem~~ *nah' und fern, von den freudigen* ~~GeꞬäll/~~ *-Viehern, Muhen, blöckender Heimkehrenden, die gruppenweise theils nach Hause, theils nach der großen Wiese von* Sonthofen *getrieben werden, um dort des andern Tags zum Verkaufe ausgestellt zu werden! In diesem Orte wimmelt es nun bereits von Menschen aus allen Gegenden, zumal aus der Schweiz und Italien, die herangekommen, um sich von dem „Allgäuer Vieh", der ausgezeichnetsten Rasse,* ~~ein u~~ *nach ihrem* ~~Haus~~ *Bedarf zu erhandeln. Man darf annehmen, daß im Durchschnitte an die 8 – 10.000 Stücke* ~~dem,~~ *auf öffentlichen* ~~Verkaufe~~ *Markte* ~~dem Verkaufe unter~~ *ausheꞬetet werden.*

~~Indem~~ *Nachdem die Familie* ~~neu späterhin, nach dem sie~~ *das Gewimmel des Marktes von oben herab ruhig sich besehen, so entschloß sie sich späterhin in das Gewirre* ~~von Menschen~~ *selbst* ~~nicht ohne Vorsicht~~*, niederzusteigen, und die Menschen und Verkaufsgegenstände in nähern Augenschein zu nehmen. Unter andern fiel eine Bretter-Hütte auf, die inmitten des Marktes* ~~an~~ *gelagert stand, und worin der* ~~Beamte~~ *Landrichter mit seinem Schreiber saß, um die Kaufverträge auf Verlangen schriftlich* abzufassen und gerichtlich zu gewähren wohl auch, ~~etwaig~~ was jedoch selten geschieht, Streitigkeiten zu schlichten und endlich anzuthun. Es gewähnt diese Einrichtung an jene uraltväterliche Sitte, da unter den Gaugrafen das „Ding" noch unter freyem Himmel ~~öffentlich und /H~~ gehalten, und das Verhör und Urtheil öffentlich und mündlich ertheilt worden. Und sonderbar das Volk ist an dieser einfachsten aller Proceduren noch mit solchem Vertrauen und so viel Ehrfurcht ergeben, daß in diesen ~~gerichthause~~ Verhandlungen, wo doch Hunderttausende umgekehrt werden, gegen den richterlichen Spruch keine ~~Ein und Weiter~~ Berufung ja geschehen.

Der nächste Tag ~~da sich ebenfalls~~ wurde zu einer Excursion, ~~nach Ober~~ das ganze Thal entlang, nach Oberstorf, dem süchlichsten~~sten Punkt~~ Orte der Gegend gemacht, wo, wie die Großmutter Fritzen weiß machen wollte, die Welt mit Brettern verschlagen ist. Man brachte den größten Theil des Tages in diesem schönen Thale zu, unter einem rührigen und genüglichen Völklein, das da in dem äußersten Winkel des Allgäus wohnt. Erst spät abends kehrte man über Immenstadt nach Burgberg zurück.

Nachdem auf diese Art ein paar glückliche Tage, zumahl den beyden Liebenden, nun Verlobten, verflossen, ward die Rückkehr angetreten und ohne Aufenthalt ~~über Rückkehrt~~ über Kempten und Kaufbeuren nach München ~~ausgeführt~~ bey günstigem Wetter, unter seligen Erinnerungen und Erwartungen vollendet.